D1934615

BRIGITTE SCHWAIGER

Der rote Faden

Brigitte Schwaiger

Der rote Faden

Langen Müller

ausgeschieden
am 19.4.2023

Schwa

Landkreis Wolfenbüttel · Kreisbücherei ·
1165
92

© 1992 by Langen Müller
in der F. A. Herbig Verlagsbuchhandlung GmbH, München
Alle Rechte vorbehalten
Schutzumschlag: Wolfgang Heinzel, Merching,
unter Verwendung des Bildes »Ratlose Frau« der Autorin
Satz: Filmsatz Schröter GmbH, München
Gesetzt aus 11.5/13.5 Palatino auf Linotronic 300
Druck: Jos. C. Huber, Dießen am Ammersee
Binden: Großbuchbinderei Monheim, Monheim
Printed in Germany
ISBN: 3-7844-2388-4

2... 287510

Wer die eigene Luft braucht, wer in ihr nur denken kann, verschafft sie sich durch das entsetzliche Mittel der Trennungen. So tust du es nun dem Kinde im zartesten Alter an: um bei deinen Gedanken zu sein, gewöhnst du es an Trennungen.

Elias Canetti
Das Geheimherz der Uhr

Deine Haut habe ich mir gewünscht, dein Haar. Und ich wollte deinen Blick, den unvergeßlichen, wiedererschaffen. An dich habe ich geglaubt, an die Wahrheit deiner Worte, die du aus Büchern zusammengelesen hast, und nicht dich hätte ich verehren sollen, sondern ein paar Menschen, deren Worte du zitiertest, oft ohne mir zu sagen, daß sie angelesene Weisheit waren, was du verkündet hast.

Dann wäre ich nach der Geburt unseres Kindes nicht von der Wolke, auf der ich saß, während ich schwanger war, heruntergefallen. Sondern ich hätte gewußt, daß ich ein Kind von einem Menschen bekomme, der nicht so ist wie das, woran er angeblich glaubt.

»Man muß sein Schicksal lieben!« hast du gerufen. Und ich habe mein Schicksal nicht anerkannt, habe das Kind in die Wiege ge-

legt, in ein kleines Land der Träume, und ich habe es herausgehoben und getragen, hielt es beinah mit den Händen, so klein war es, und ich dachte: Daß sie mir das überlassen? Daß sie mir so etwas Liebes geben, die strengen Leute im Spital? Daß ich es behalten darf, dieses königliche Mädchen?
Denn von einem König war es, von dem einzigen Mann, von dem ich schwanger werden wollte. Und ich konnte meine Prinzessin nicht als die empfinden, die in mir gewachsen war, die ich gefühlt hatte. Dafür aber hatte das Spital mir ein Geschenk des Hauses überreicht, gleichsam zur Erinnerung. Und dieses Andenken wuchs und wuchs. Ich hätte es manchmal am liebsten zurückgetragen und gesagt: »Wollen Sie es nicht doch lieber behalten? Bei Ihnen, im Spital, kann es nicht krank werden und wird sich nicht verletzen!«
Aber ich hätte mich gehütet, es laut zu sagen, denn mein König sah fern, und er schaltete Programme um. Ein falsches Wort, und er würde sagen: »Gib sie mir mit, ich habe jemanden, dort ist sie gut aufgehoben.«

Schon lange bevor der König ihr ein Buch brachte, in das sie alles eintragen sollte, »alle deine Gefühle, und alle deine Gedanken, die haben hier Platz!«, begann die Anfängerin Mutter sich wie aus der Ferne zu sehen, so als hätte nicht ein Kind, sondern sie selbst ihren Körper verlassen. Sie sah sich als dritte Person. Da war ein Ich, und das hieß Baby, und da gab es einen Mann, der predigte Wasser.
»Meine Mutter hat sich nie darüber beklagt, wenn mein Vater ihr nicht alles erzählte, einem Mann muß man sein Geheimnis lassen, man darf nicht immer Betrug wittern, wo keiner ist, du hast so viel Phantasie, du solltest eigentlich Kriminalromane lieben, dort wird auch alles immer furchtbar aufgebauscht.«
Hermann trank Schnaps. »Es ist nicht, daß ich trinke, weil ich nicht gern mit dir zusammen bin. Sondern irgendwie vergesse ich dann halt, daß ich eigentlich Wichtigeres zu tun habe als von früh bis spät mit einer Frau und ihrem Säugling zusammenzusein.«
Sie sah sich dann wie eine Dame, die gekränkt schweigt. Und viel lieber wollte sie doch eine Kuh sein, eine gutmütige, eine, die sich nicht schämt dafür, daß »die neun Mo-

nate bei der Frau genauso verlaufen wie bei den Huftieren, die Nietzsche so liebte«, und sie sah sich, sie. Die Mutter.
Und sie dachte an ihr Ich, ein neugeborenes, und Du, wo bist Du, und sie schrieb ins Tagebuch »sie«, und »sie ging«, obwohl sie den ganzen Tagebuchkrempel am liebsten hingeschmissen hätte, und sich selbst von irgendwo hinunter, manchmal, und beim Durchlesen hat sie vieles zerrissen, auch die Kleider dann für immer weggegeben, die sie bei den Rendezvous trug, bei denen es immer so sittsam zuging, auch geistvoll.
»Ich habe ein wüstes Leben geführt, das möchte ich, weil ich dich nun kenne, beenden, denn wenn ein kluger Hase kommt, nimmt er dem Jäger die Brille und holt sich sein Gewehr!«
Ja, deine Art zu sprechen hat mich bestochen, und eine Zeitlang habe ich wieder geglaubt, daß es das gibt: Wunder.
Und dann habe ich es gesehen: die kleinen Knie. Und ich habe erkannt, daß es nur ein sichtbares Wunder gibt, wirklich sichtbar, für alle, auch wenn ich »sie« blieb, »sie«, die Unbeteiligte, irgendwie abgetrennt von

dem Körper ihres Kindes und, was vielleicht noch schmerzvoller war, von einem Mann, mit dem ich alt werden wollte.

Wie ist denn der Traum gewesen? Ein Haus mit einem Garten, einer Küche, einem Wohnzimmer, Spielzimmer fürs Kind und eine gepflegte Bibliothek. Wohlwollende Nachbarn blicken über den Zaun. »Ich freu mich so auf euer Kind!« sagt eine Frau.
Traum vom Leben mit einem Mann, der ein wenig wie ein Diener ist, vieles still erledigt, mit einer gewissen ruhigen Selbstverständlichkeit. Dessen Anwesenheit sie (die Mutter) nur in angenehmer Weise fühlt. Ein Mann, der sich zurückzieht, wenn die Frau und das Kind allein sein möchten. Etwa, wenn sie es stillt. Der dann da ist, vielleicht, aber keine überflüssigen Bemerkungen macht. Es rinnt ja ohnehin alles, und die Bluse wird feucht, wenn das Kind nur weint. Da wissen die Brüste, daß sie Milch geben müssen, noch bevor die Frau alles aufgeknöpft hat, und dann trinkt das Kind – woher es das gelernt hat? Wer hat es ihm mitgegeben auf die lange, lange Reise, durch eine

große Dunkelheit, als es unterwegs war, von einem fernen Stern zu mir, zu ihr, der Mutter, ich kann zwischen beiden nicht mehr unterscheiden.
Einen guten Geist in der Nähe zu haben, einen, der selbst einmal Kind gewesen ist und sich dessen bewußt ist. Einer, der schweigt, aber dann fühlt: Wenn die Lippen schweigen, müssen die Hände reden.
Ein Mann, der manchmal auch den Kopf der Mutter streichelt, der fühlt: Es kann eine Frau, die zum ersten Mal in ihrem Leben ein Kind bekommen hat, sich doch eigentlich nur wie ein kleines Kind vorkommen.
Sie hat sich gewünscht, daß jemand bei ihr ist, der ihr das ermöglicht: fürs Kind immer dasein, mit ihrem Kind immer sprechen, wenn es Aufmerksamkeit begehrt. Für ihr Kind alles tun. Von früh bis spät, ihr Kind beobachtend, studierend. Wer ist es. Woher kam es. Wie war dieses Wunder möglich.
Und vielleicht sogar ein wenig Zeit für sich selbst.
Aber einen solchen Menschen gibt es nicht. Sie ist müde, kaum kommt sie zum Schlafen, und sie ist allein. Das Kind wacht und schläft, trinkt und schläft, und sie muß dann einen

zweiten Körper waschen, kleiden, füttern, ihren eigenen, den sie vernachlässigt, sie weiß oft nicht mehr, daß sie für sich selbst noch da ist. Es verschwimmen die Grenzen zwischen dem Kind und ihr. Wenn sie ein dringendes Bedürfnis spürt, erinnert sie sich: Ach ja, ich wollte doch auf die Toilette. Aber da habe ich das Kind gewickelt und vergessen, daß ich auch muß.

Sie erinnert sich, daß sie einmal glücklich gewesen ist, sich auf den Besuch eines ihr nahen Menschen gefreut hat, oder auf ein Buch. Im Supermarkt legt sie daher ein paar Heimatromane, die in der Nähe der Kasse auf einem Regal liegen, Arzt-Romane (leidenschaftliche Liebesgeschichten mitten in Spitälern) und Krimis zu den Lebensmitteln im Einkaufswagen. Sie schleppt das alles mit nach Hause, im Vorsatz, sich ein wenig hineinzuträumen in einfache, spannende, wenn auch recht simpel geschriebene Geschichten, in denen aber das Gute gegen das Böse siegt. Und so etwas will sie.

Lesen Sie die Bibel:
Adam war hundertunddreißig Jahre alt, da zeugte er einen Sohn ... und nach der Geburt Sets lebte Adam noch achthundert Jahre und zeugte Söhne und Töchter. Die gesamte Lebenszeit Adams betrug neunhundertunddreißig Jahre, dann starb er.
Set war hundertundfünf Jahre alt, da zeugte er Enoch. Nach der Geburt des Enoch lebte Set noch achthundertundsieben Jahre ...
Ich war viel jünger, als ich dich, Monika, bekam.

Ein Kind stehlen, dachte ich, als ich dreißig war. Auf der Mariahilferstraße gehen, einem Kind winken, das von einem Mann getragen wird, zufällig zu mir herschaut, und ich winke. Es lächelt. Der Mann, der es trägt, sieht nicht, was sein Kind jetzt erlebt.

Ein Kind stehlen, dann erspare ich mir die Schwangerschaft. Ich wollte nicht schwanger werden. Meine Tante hatte mir alles sehr schwarzgemalt. Ich wollte nicht erleben, was sie mir prophezeite.
Ein Kind wurde gestohlen, las ich in einer Zeitung. Immer wieder gab es Frauen, die dachten, ihr Glück würde nur in einem Kind bestehen, irgendeinem, Hauptsache Kind.
Ja, ich erinnere mich. Auch ich wäre fähig gewesen zu so einer Tat.

Ein Kind von irgendwem, einem Fremden vielleicht, der schön ist, einem, den ich mir aussuche, dem ich nichts sage, den ich in Italien vielleicht oder in Griechenland finde, irgendwo, wo ich einen schönen Menschen erblicke, und den lasse ich dann in mir wiedererstehen, aber dann hat mein Kind keinen Vater, und ich weiß nicht, ob man das machen darf: Samenraub.
Ein Kind von Hermann?
Hermanns Freunde haben, bis auf Johann, alle Kinder, sind verheiratet, und Hermann hat einmal gesagt, es wäre doch schön, daß man, wenn man alt wird, jemanden in der

Welt zurückläßt, von dem man weiß, er wird das Grab gießen.
Manchmal hat er auf Frauen gezeigt, wenn wir spazierengegangen sind: »Schau, wie der ihre Schwangerschaft gut zu Gesicht steht! Richtig zufrieden schauen solche Frauen aus! Aus einem Busen, der nur schwach entwikkelt ist, kann etwas Großes werden! Mir unvorstellbar, wie das wäre, mit dir zu schlafen, wenn du so eine pralle Brust hättest. Ich finde es ja nicht gerade appetitlich, aber bei dir würde es mich, glaube ich, nicht stören. Möchtest du es nicht einmal ausprobieren? Ich habe noch nie mit einer Schwangeren geschlafen.«
Dem leisen Johann hätte ich nicht zu sagen gewagt, daß ich mir ein Kind von Hermann wünschte. Johann ist mir immer so vorgekommen, als ob er mir gegenüber Hemmungen hätte, entweder, weil er zuviel von Hermanns gelegentlichen Affären weiß, oder weil er mich nicht besonders gut leiden kann. Jedenfalls habe ich in meiner Sehnsucht nach einem Kind den ganzen Freundeskreis Hermanns überprüft, bevor ich mir gesagt habe: Von Hermann muß es sein, mit dem Hermann verbindet mich so vieles, vor allem, ich

bin an seine Haut gewöhnt, und ich wünsche mir ein Kind, das nach ihm riecht.

Ich hatte mit ungefähr acht Jahren einen Disput mit unserem Kindermädchen.
»Ein Kind kriegt man eigentlich umsonst!« sagte ich, stolz und froh; diese Erleuchtung, diese Erkenntnis! Immer wird vom Geld geredet, aber so etwas Liebes wie meine Cousine, das hat doch eigentlich nichts gekostet.
»Na ja, ein Kind«, lenkte Christl schonend ein. »Ein Kind ist nicht gratis! Ein Kind muß man anziehen und ernähren. Das kostet Geld!«
Ich blieb innerlich bei meiner Erkenntnis, daß man so gut wie nichts ohne Geld bekommt, ein Kind jedoch schon.

Dieses Tagebuch einer Mutter, einer Anfängerin nur, einer, die keine zehn Kinder empfangen, getragen, geboren und großgezogen und davon die Hälfte in einem fürchterlichen Krieg verloren hat, dieses Tagebuch hat nur *einen* roten Faden, nur den, den wir Lebensfaden, Faden der Blutsverwandtschaft, nennen, und so vergeht ein Tag, nachdem er sich hingezogen hat, plötzlich ganz schnell, und die Anfängerin Mutter versucht etwas aufzuhalten, einzufangen, für später, damit ihr Kind einmal, wenn es erwachsen ist, vielleicht, wenn es fragt, sagt, fragen oder sagen sollte: »Warum hast du nicht aufgeschrieben, wie ich war! Es würde mich sehr interessieren!«

Vielleicht will ihr Kind das gar nicht, vielleicht ist es ihm peinlich, vielleicht lacht es nur: Ach ja, das sind Mutters Späße.

Aber sie besitzt ein Tagebuch von jemand ganz anderem, nämlich ihrer eigenen Mutter, und die schrieb: »Unser sehnlichst erwartetes . . . Mädchen!«

Dann verzeichnet die Mutter alle »Fortschritte« und bedauert, daß manches »zu langsam« geht. Und endlich, endlich lernt das Kind gehen. Dann spricht es die ersten Worte. Und das Buch bricht ab.

Wahrscheinlich ist die Mutter, die einen Beruf ausüben mußte, mit dem Aufschreiben nicht mehr nachgekommen. Vielleicht hatte das Kind aus der stummen, der schweigenden Zeit viel zuviel zu erzählen.

Erinnerungen, als ich Kind war: eingesperrt, irgendwo, wo niemand war, nur ich. Und ich wußte nicht, wer ich war, weil ich so allein dastand, mit den Möbeln, die waren doch auch *jemand*, da konnte man ja hingehen und einen Wäschekorb, einen runden, mit Deckel, umarmen. Aber der Korb sagt nichts zu mir. Der fällt sogar um, ganz unheimlich und leise.

Weggesperrt, in ein Zimmer, das finster ist, gar kein richtiges Zimmer, ein Kammerl, das »Gruselkabinett«, jetzt weiß ich es schon, jetzt bin ich wieder da, ich erkenne den Fußboden. Ein wenig Licht kommt durch die Türritze. Draußen ist die Firmpatin. Aber jetzt bin ich in einer anderen Welt. In einer, in der Schreien nichts hilft. Weinen und Schreien verboten! stand unsichtbar auf unserm Haus. Wer weint oder schreit, wird eingesperrt.

Und die Firmpatin draußen, mit der weißen Schürze. Wann darf ich wieder hinaus? Ich gewöhne mich an das Dunkel, sehe Sand auf dem Holzboden. Die Welt zu beobachten, immer beobachten, das ist gut gegen die Angst.

»Ja, mit dir wären wir bald nicht fertiggewor-

den«, sagte später meine Mutter. »Die Firmpatin hat immer gesagt: Einsperren und schreien lassen! Bis sie sich nicht mehr rührt! Das hilft.«
Ihnen half es bestimmt.

Abgeschoben.
Jemandem mitgegeben worden.
Irgend jemandem.
Irgendeinem Freundlichen, der gerade daherkam. »Ja, freilich, ich nehm sie mit.«
Und dann die Angst, daß der Polizist auf die gleiche Idee kommt. »Mitnehmen, ja, aber ins Gefängnis. Dort wirst du dann eingesperrt, bei Wasser und Brot!«
Ich höre es noch. Verstand nicht, warum sie Wasser und Brot nannten. Wasser und Brot waren doch etwas sehr Gutes. Jedenfalls schmeckte mir Brot besser als die furchtbare Hühnersuppe, die fette, die mit dem unsagbaren (»Ja, das ist eine Hendlsuppn!«) Geschmack von der Firmpatin. »Und die wirst du essen! Und du gehst erst auf die Straße, wenn der letzte Löffel gegessen ist!«
Strafkommando. Glückliche Ernährung. Wir saßen im Vorhaus, an einem Tisch, meine

Cousine, ihre Freundin und ich. Ich weiß nicht mehr, wie wir von dort herausgekommen sind. Für mich endete, glaube ich, die Situation im besagten »Kabinett«.
Oder der Nachbar. So lieb war er. Und er meinte es nur gut. Aber meine Mutter, die hatte ganz vergessen, daß sie mir vom Tod meiner kleinen Schwester erzählt hatte. »Kinder kommen in einen kleinen Sarg, der nur für Kinder ist.« Und der Herr Nachbar hat ein Motorrad, mit einem Beiwagen. Das gefällt mir. Aber als er sagt, er nimmt mich mit, und dazu muß ich mich in den Beiwagen legen, denke ich: Jetzt bin ich tot, jetzt muß ich in einen Sarg.
Und die Mutter versteht nicht und winkt und lacht, und der Mann braust mit mir davon, zu einem Schwimmbad, und er ruft: »Die Heimkehrer sind da! Die sind jetzt alle wieder da! Die haben gekämpft, weißt du? Für Deutschland!«
Daß Deutschland etwas ganz Großes war, wußte ich.

Und der Transport. Kindertransport. Tafeln umgehängt, ab geht's. Irgendwo im angeblich für Kinder so schönen Süden, »sonnig«

und mit blauem Meer, muß man wochenlang herumschleichen. Man war für den Kindertransport eigentlich zu klein, aber mit ein paar Erklärungen durfte man – ich – mitkommen. Eine Unsagbarkeit. »Melancholie«, »Depression« fand ich später in Sachbüchern. Aber geholfen wurde mir erst, als nach meiner Rückkehr daheim unsere Nachbarsfreundin Raffaela rief: »Kommts! Schnell! Zum Radio! Der Freddy singt das Heimwehlied!«

Brennend heißer Wüstensand ... fern, so fern dem Heimatland ... Jetzt wußte ich, »Heimweh« hieß das Graue, das um mich gewesen war, das auf mich gedrückt hatte, so fürchterlich.

»Es geht mir gut«, mußten wir auf unsere einzige erlaubte Postkarte schreiben, »das Essen ist gut.«

Mein Text wurde durchgestrichen, ich war ja nur eine Erstklaßlerin, die glaubte, man müsse etwa so schreiben: »Wann darf ich heimfahren?«

Ferien, ich weiß nicht mehr wo, wo war es denn, Ferien bei wem, Ferien – von was? Ein Kind, das noch nicht in die Schule, nicht in den Kindergarten geht, braucht keine Ferien. Aber alle meinten es gut, und das Kind schlich dort herum, bloßfüßig, auf spitzen Steinen. Es litt Durst. Es wußte nicht: Soll ich über die vielen spitzen Steine gehen, bis zum Brunnen? Was ist mir wichtig: Die Fußsohlen, daß sie nicht weh tun, oder der Durst? Und dann, beim Brunnen angelangt, wirst du weggerissen. Brunnenwasser ist kein Trinkwasser.

Der Durst. Ja, das Hungergefühl, von dem sie immer redeten, wirklich, ich habe es nicht erlebt. Aber immer den Durst. Und wenn du erhitzt bist und durstig, sagen sie, »du darfst kein kaltes Wasser trinken, sonst wirst du krank«.

Durst haben oder krank werden. Die Welt war ohne Ausweg. Das meiste schien unlösbar zu sein, unentrinnbar bist du festgenagelt. Spätere Berufsphilosophen sprechen dann von einer »sinnlosen Existenz«. Der Mensch und sein »absurdes Dasein«.

Liebe Firmpatin, ich bin mir vorgekommen wie ein aufgespießtes, ein wehrloses Tier. Die anderen sagten, ich solle nicht schreien, das würde dem Kind schaden. Ich würde dem Kind schaden. Da überfiel mich dieselbe Panik wie damals, ich trug Monika noch in mir, als ich an meine Schulzeit dachte: Die *Zellteilung*.

Der Gymnasialprofessor hob triumphierend den Arm. Er zeigte, wie *Atome* oder *Atomteile*, das Unteilbare, oder *Neutronen* auf etwas zurasen. *Kettenreaktion*.

»*Schwefelsäure!*« rief er. »Stellt euch vor, ihr geht auf der Straße, und es schüttet euch jemand *Schwefelsäure* ins Gesicht! Dann seid ihr, merkt euch das, euer Leben lang entstellt!« Er lobte das *chemische* Gebräu, das nur *Salzsäure* war, aber der anderen *Säure* ähnlich.

Ich lernte nicht gern Chemie. Auch nicht Physik oder Botanik. Es war immer derselbe Professor, den Buben zuzwinkernd, wenn die Mädchen sich fürchteten.

Die *Zellteilung*. Plötzlich fällt es mir ein. Daß in mir das stattfindet, in jeder Minute, dieses rasend schnelle Wachstum von einem Menschen.

Ich hatte furchtbare Angst und hoffte, daß das Kind nichts von dieser Angst merken würde.

Meine Worte galten nicht. Sie wurden einfach allgemein nicht gehört. Wie bei einer aus Krankheitsgründen notwendigen Operation ging es zu, so ging es zu, als ich mein Kind bekam. Die anderen wußten es besser. Ich litt. Ich erinnerte mich, genauso war ich gelegen, wehrlos, schmerzvoll, machtlos, ohnmächtig, als ein Mann mich einführte, wie ich dachte, in die Geheimnisse der Liebe. Aber daran mußte ich mich erst gewöhnen, und nach ungefähr einem Jahr war ich soweit, daß ich es wollte.
Vielleicht müßte eine Frau viele Male gebären, um zu üben. Aber Übung kann doch nicht der Sinn des Kindes sein? Müssen so viele Menschen leben, nur weil manche Frauen immer wieder versuchen, beim nächsten Mal eine bessere, eine leichtere, gesündere, natürlichere Entbindung zu haben?
Ich wollte gar nichts mehr. Die Schmerzen waren so groß, daß ich dachte: Wenn ich jetzt sterbe, ist es mir recht. Hoffentlich verfahren sie mit meinem Kind humaner als mit mir. Dann fiel ich in Ohnmacht, Narkose, und ich wachte auf, Hermann saß weit weg, ich hörte seine Stimme, wußte

nicht, wo ich war. Dann sagte er es mir: »Alles ist gut. Das Mädchen ist gesund.«
Was ist denn eine Geburt, eine Entbindung – Rückenweh? Auf die Uhr schauen. Der Zeiger ist gehüpft. Eine weiße Scheibe mit schwarzen Strichen und zwei schwarzen Pfeilen, einer kurz und einer lang. Auf einmal sind sie schon wieder weitergerückt. Der lange, der hat es ein wenig eiliger. Der kurze kommt aber immer wieder nach. So vergehen, ich weiß nicht, Minuten, Stunden. Das Rückenweh hört nicht auf. Es ist, als wäre ich auf eine Eisenplatte geschraubt. Ein Schmerz, im Rückgrat, den ich mir nicht vorstellen kann als ein sinnvolles Fühlen. Was hat mein Rücken mit meinem Bauch zu tun. Wie soll ich pressen, wenn ich außer dem Metall, auf das ich nun wie geschmiedet liege, nichts fühle. Ich bettle, ich weine, ich schreie beinahe um den »Kaiserschnitt«.
Hermann redet mit mir, wie er sonst nur mit Hunden schimpft.
Ich sage: »Bitte, geh hinaus. Ich glaube, wenn du nicht da bist, kann ich es besser.«
Er geht, und der Arzt schäkert mit einer Krankenschwester, die gerade hereingekommen ist, ihren Dienst antritt, irgend etwas

Neues an sich trägt, Frisur oder Kleid.
»Brille«, höre ich.
»Wo haben Sie die gekauft?«
»Erster Bezirk«.
Dann bitte ich den Arzt, nicht über Brillen zu reden, sondern sich um mich zu kümmern.
Ich habe es so lächerlich gefunden. Mein Kind, mein würdiges, mein einziges, erstes, mein allereinzigstes Kind, der erste Mensch auf der Welt – wofür denn sollte mein Kind sich halten? –, und ich hocke auf einem Tisch herum, gehüllt in ein weißes Kleid – wozu? –, eine Art Mantel, Schürze, die man mir übergestülpt hat. Ich ziehe das Zeug aus, möchte nackt bleiben, so nackt wie der Mensch in meinem Bauch. Mir ist kalt, ich schwitze, ich friere, ich bin nicht bei Bewußtsein, der Arzt hat mir eine Spritze gegeben, einen »Wehentropf«, was ist denn überhaupt noch da von mir? Außer meinem Geist, der alles registriert. Ich weiß: Hier ist etwas schiefgegangen, schlecht gemacht worden, und nicht ich bin schuld. Ich habe doch die Wehen gespürt.
Aber ich wollte nur die Schmerzen fühlen, die mir mein Kind zufügte. Und nicht die, die der Arzt für mich erfand. »Schmerzlose Ge-

burt«, wie er es nannte; sie erinnerte sich an das Gespräch: »Ja, also, da gibt es die sanfte Geburt, und die Geburt unter Wasser gibt es auch, bitte, ich habe nichts gegen moderne Methoden, nur, ich bin Schulmediziner. Wenn Sie wollen, daß Ihr Kind gesund zur Welt kommt, entbinden Sie bei mir. Ich will Ihnen keine Angst machen, aber es hat schon Frauen gegeben, die sind von der sanften Geburt weg, im letzten Moment, zu einer Klinik, und dort haben sie dann unsere modernen Maschinen in Anspruch genommen!«

Mit seiner überflüssigen Injektion hatte er mich um die Lage gebracht, in der ich sein wollte. Fühlen, fühlen. Und dann, in einem bestimmten Moment, das Kind herauspressen. Und ich wollte es sehen, gleich.

Aber ich turnte nur noch herum, wußte gar nicht, ob da ein Kind in mir war, ob es überhaupt noch lebte. So lange Monate des Wartens. Und ein solches Ende. Aber von mir aus sollte es das Ende überhaupt sein. In dieser Welt. Wenn nur das Kind früher tot ist als ich. Sicher. Geborgen. Ich fühlte, daß Hermann sich drückte. Er saß irgendwo oder ging irgendwo draußen auf dem Gang auf und ab.

Ich habe mir gewünscht, daß er sagte: »Nein, ich bleibe bei dir! Ich lasse dich jetzt nicht allein! Sage mir, was ich tun soll!«
Denn ich hatte Hermann vorher gebeten: »Fahren wir in ein anderes Spital. Hier will ich nicht bleiben.«
Aber es kam nur eine Allerweltsantwort. So etwa: Jetzt seien wir schon hier, und jetzt hätten wir uns eingetragen, und hier würden wir auch bleiben.
So als gäbe es nicht unzählige Spitäler und unzählige Menschen, die etwas von Geburt verstehen, und, jedoch, nur unser einziges Kind. Ich habe Hermann verachtet, und ein Rest dieser Verachtung ist in mir geblieben, auch wenn er sich nachher freute über das Mädchen.

Es immer verstehen, sie möchte dieses Kind immer verstehen, denn sie erinnert sich. Einmal wickelte sie einen alten, kleinen Spiegel in Silberpapier, trug das Geschenk zu einer Verwandten, die es zuerst nicht annehmen wollte. »Was ist denn das?«
»Schokolade«, sagte das Kind. »Ich habe dir eine Schokolade gebracht.«

Natürlich wußte das Kind, daß das nicht Schokolade war. Aber der Wunsch war ihm Wirklichkeit. Die Tante muß glauben, daß das Schokolade ist, wenn ich es glaube!
Aber diese Tante sagte nur: »Na, daß man von euch da oben einmal etwas bekommt!« Und das Kind verstand die Rüge nicht, hörte aber, daß es eine war, merkte sich diese Worte, die unverständlichen, daher für immer, und dann war es keine Schokolade, nur ein alter, kleiner Taschenspiegel. »Von wo hast du denn den her? Wem hast du denn den weggenommen?«
Sie möchte ihr Kind immer verstehen, denn einmal hat ihr Vater sie gefragt: »Hast du das absichtlich getan?«
»Ja«, sagte sie, »absichtlich.« Denn sie meinte: Ab von der Sicht, ich habe es nicht gesehen, es ist einfach passiert. Aber der Blick des Vaters traf sie, als habe sie ein fürchterliches Geständnis gemacht. Oder er schaute, was schlimmer war und öfter vorkam, von ihr weg.

Eigentlich bin ich nicht daran gewöhnt, mit einem kleinen Kind zu leben. Immer wieder dieser Satz. Ich habe mich mein Leben lang von kleinen Kindern ferngehalten, nachdem das mit dem kleinen Cousin passiert ist, und dann die Geburten der drei Cousinen: Ich habe mich vor kleinen Kindern gefürchtet. Und zwar, dachte ich, wenn ich zu einem hingehe, wird gleich der Schrei einer anderen Frau zu hören sein.

Meinen herzigen Cousin habe ich damals doch nur aus der Wiege genommen und in seinem Wickelpolster zu meiner Mutter tragen wollen, weil mein Vater sich einen Buben wünschte, und ich wollte ihn meiner Mutter schenken. Wir würden ihn gemeinsam aufziehen, ich wüßte schon, wie man das machte: immer lieb zu ihm sein. Aber die Firmpatin nahm mir den Wickelpolster weg, und dann hieß es, der Storch sei dagewesen, leider schon davongeflogen, aber er habe etwas dagelassen, und das liege in einer Wiege.

»Ist das schon wieder ein Cousin?« frage ich und bekomme eine grantige Antwort. So darf man also nicht fragen.

Dann kamen ja nur noch drei Mädchen, knapp hintereinander geboren, und von da an wußte ich, daß ich schmutzig, laut, ungewaschen und gefährlich war. Ich schien irgend-

wie eine Ausgeburt zu sein. Wahrscheinlich von etwas sehr Bösem. Und ab da haben kleine Kinder mich nicht mehr interessiert.
Mit gebührendem Abstand habe ich ihnen oft auf der Straße nachgesehen ... mit Kindern gelitten und mich selten mit ihnen gefreut, denn auf die Freuden des Kindseins, dachte ich, folgen ja doch nur Tränen und Nichtverstandenwerden.
Die Frau auf der Straße, die zu einer ihrer Töchter sagte: »Halt einmal den Schnabel.«
Ich wollte hingehen, damals. Dieser Frau sagen: Kränken Sie Ihre Tochter nicht. Aber vielleicht hätte jene Frau dann gerade wegen meiner Einmischung auf gerade diese eine Tochter, die den Schnabel hatte, noch mehr Wut bekommen?
Es war für mich ein wenig wie in einer Diktatur. Ich habe vor der fremden Frau Angst gehabt, wegen des Worts »Schnabel«. Und ich wollte den Zustand nicht verschlimmern, denn ich konnte ja nicht kontrollieren, wohin die ganze Familie dann gehen, was dann sein würde – abstruse Phantasien. Ich kam mir aber, als ich heimschlich, wie ein Feigling vor. Keine *Zivilcourage,* hätte mein Vater gesagt. Genausowenig *Zivilcourage* wie da-

mals, als ich in der Dämmerung, es war gerade Geschäftsschluß und Stoßzeit, einen jungen Mann sah, der eine Katze an der Leine führte, sie an dieser Leine in die vollbesetzte Straßenbahn hob – der Lärm, die Leute, die kleine, junge Katze –, und ich hätte so gern gesagt: Lassen Sie Ihr Kätzchen daheim, wenn Sie auf Einkaufsbummel gehen! – Aber ich schlich davon. Ich fürchtete, er könnte sein Kätzchen daraufhin noch gröber behandeln. Denn ihm, ihm wird man doch nichts vorschreiben! Und seine Wut auf mich läßt er dann am Tier aus, so wie ich als Kind meine Wut auf die Großen an meiner Katze und an den drei Cousinen.

Liebe Firmpatin, ich bin Mutter geworden, liebe Tante, liebe Mutter meines Cousins, es kann doch kein *ewiger Kreislauf* sein, dazu sind wir doch da, das Leben eines Kindes als das eines wirklich neu geborenen Menschen zu sehen, warum kann ich, Tante, nicht in der Gegenwart leben, warum habe ich zu viele Bücher, zu viele Phrasen im Kopf, warum habt ihr mich so viele Bücher lesen lassen? Eine Frau sollte wie eine Katze sein, werfen, behüten, weglaufen und weglaufen lassen, warum habe ich nicht die Anwesenheit des Kindes bei mir im Spital, warum gibt man mir keine Gegenwart. Gegenwart, das ist doch nicht: jetzt. Und: schau auf die Uhr. Ist bei dir der Zeiger auch genau drei Striche über dem schwarzen Punkt? Gegenwart, das wäre doch, daß jemand da ist. Es dürfte zwischen deinem Ort, Tante, und meinem keine allzu große Entfernung sein, wenn die Uhrzeiten bei dir und bei mir gleich sind.

In meiner Nähe schläft jetzt ein Kind, sie haben es hereingetragen, man erlaubt mir, daß ich es ein paar Minuten lang als meines empfinde, liebe Tante, nun verstehe ich, wie du dein Gewickeltes anschautest und wiedersahst, und wie du den Gegenstand, den du überreicht bekamst, als du aus dem Spital heimgingst, daheim als einen Gegenstand, der noch dazu schrie, behandeltest. Betreuen. Einer Sache, »Kind« genannt, treu werden und treu bleiben, einer Sache, die einem genommen und gegeben wurde, tagelang.

Schauen Sie es an? Es ist Ihr Kind?

Ja. Wenn ihr es nicht fallenlaßt oder irgendwo vergeßt oder verwechselt.

Danke, daß ihr es mir zeigt.
Mutter. Ich fand für meine Lage keine Worte.

Hunger habe ich. Durst habe ich. Sehnsucht nach dem fremden Mädchen, das vom Himmel gefallen ist. Meine kleine, ganz, ganz neue Verwandte.

Hermann hat mir ein Buch gegeben, in das ich hineinschreiben soll. Bis jetzt habe ich es auf Zetteln getan, die ich zufällig in der Handtasche gehabt habe, in der Nacht. Mir war ja so leid, daß mein Kind nicht bei mir war. Nur eine Fotografie auf dem Nachtkästchen. Sie haben Monika, nachdem sie geboren war, gewaschen, gewickelt, angezogen, gefüttert und fotografiert. Das Polaroid-Foto klebt in einer Glückwunschkarte des Hauses. Es ist eine Nobelklinik, wie ich jetzt erst begriffen habe. Als die Nachbarin mir gesagt hat, ich solle hier entbinden, hier sei es so gut (und bei der N. hat es nur eine halbe Stunde gedauert, fast ohne Schmerzen, mit einem Schmerzmittel), habe ich nicht gewußt, daß das kein gewöhnliches Spital ist.

Eigentlich sollte ich hier ja über die kleine Monika schreiben. Aber sie ist nicht bei mir.
Die N. hat gesagt, das war für sie angenehm, das Kind einmal im Zimmer zu haben und dann wieder nicht. Da hat sie sich so schön ausruhen können von allem, und das Kind war in guten Händen.
Aber mir geht das Kind ab. Wahrscheinlich, weil Hermann grob ist, wenn er zu mir kommt. Er hat wenig Zeit, und an seiner Jacke rieche ich, daß er nicht zu Hause war.
Ich habe aber nichts zu ihm gesagt, weil er sofort böse wird, wenn ich einen Verdacht äußere. Er sagt dann: »Du treibst mich noch von dir weg!«
Und die Wahrheit ist, daß ich ja mit ihm eigentlich nie reden kann. Trocken sind seine Antworten, wenn ich ihn etwas frage, und immer auch spöttisch und herablassend. Allerweltsantworten eigentlich. Er könnte so unpersönlich, wie er mit mir spricht, auch mit jedem anderen reden. Bei fremden Leuten, wenn wir eingeladen sind, bemüht er sich um Charme. Dann ist alles, was er schon oft erzählt hat, so frisch, als ob er es zum ersten Mal erzählen würde. Ich wundere mich immer, woher er die Kraft nimmt für so

viel Schauspielerei. Und ich weiß jedes Wort im voraus. Deshalb gehe ich oft, wenn wir irgendwo eingeladen sind, auf die Toilette oder, wenn es einen Garten gibt, draußen spazieren. Dann, wenn ich ungefähr weiß, daß jetzt die Geschichten zu Ende sind, komme ich zu den Gastgebern zurück. Sie verstehen natürlich nicht, warum ich nicht zuhören möchte, wenn mein Mann so nett plaudert. Aber daß es eine Qual ist, wenn ein Mensch eigentlich immer nur eine einzige Rolle spielt und ein einziges Repertoire hat, dazu immer dieselben Wörter, und daß ich dabei schon fast verrückt werde, weil es ja ist, als ginge ich, obwohl ich es schon zur Genüge kenne, immer in dieselbe Theatervorstellung, das darf ich ja nicht erzählen, schon, um Hermann nicht zu blamieren. Wahrscheinlich würden es mir die Menschen auch nicht glauben.

Und Hermann, wenn ich ihn darauf anspreche, sagt: »Wieso? Es sind gute Geschichten, und ich werde sie immer wieder erzählen. Das mußt du eben ertragen.«

Hermann hat gestern lange mit mir gesprochen, bevor er das Spital verlassen hat. Und er hat so lange auf mich eingeredet, bis mir dämmerig im Kopf war. Ich habe nachher schlafen können, aber schlecht geträumt. Lange bin ich dann wach gewesen.
Ich hörte, wie sie das Kind herauftrugen.
Ich hörte das leise Weinen aus der Ferne.

Im Tagebuch einer *Mutter* kann eine Adresse auftauchen, so wie im Haushaltsbuch einer Köchin ein Liebesbrief.
Tagebuch-Wirtschaft. Zettel, die herumliegen. Fäustlinge, über die man im Vorzimmer stolpert.
Das Kind liegt noch im Wagen. Du nimmst es nicht heraus. Es ist während der Spazierfahrt eingeschlafen. Du hast es heraufgetragen, im Wagen, und im Vorzimmer »abgestellt«.
Es liegt, es schläft. Du willst es nicht herausreißen aus seinem Schlaf, und du bist dankbar für ein paar Minuten Alleinsein.
Denn es ist, während es schläft, als wäre es nicht da.
Du kannst dich ruhig hinsetzen und eine

Zigarette rauchen. Und dich ein wenig erinnern, wie es früher war.
Du bist nicht mehr »ich«. Ich bin nur noch *du*.

In der Wiege liegt die *Zukunft*. Ich stehe mit anderen Gefühlen als Hermann, dessen bin ich sicher, am Bettchen. Denn mir schwebt vor, was alles mit diesem Kind noch sein wird. Dabei habe ich die schlimmsten Befürchtungen, die mir jedes Geschäker und Getue mit Monika verbieten. Ich sehe sie als ein ernstzunehmendes Wesen, das eine schwere Aufgabe vor sich hat. Leben lernen, Prüfungen bestehen, Mißgeschicke erleiden, Freuden gewiß auch, aber vor allem wird sie lernen müssen, viel Unglück zu ertragen. Und mich schaudert jetzt, wenn ich mir eingestehe, mit welcher Unbekümmertheit ich früher jahrelang dachte: Ich wünsche mir ein Kind. Wie weit habe ich eigentlich gedacht? Ein kleines Kind, etwas Weiches, Rundliches, etwas, was gut riecht und lieb ist, was man wickeln darf und füttern, wie eine besondere Puppe.
Hermann scheint so etwas in ihr zu sehen. Er liegt auf dem Sofa, macht es sich gemütlich

mit seinen vier verschiedenen Zeitungen, wirft einen Blick auf das Kind, wenn es weint, läßt mich die notwendigen Verrichtungen ausführen. Manchmal, wenn er Lust hat, kommt er ins Bad und schaut zu. Dann tändelt er mit ihr, spielt mit dem Schepperl, lacht sie an, als lieber Papa, und danach geht er wieder zu seinen Zeitungen. So wird es Abend, so vergeht ein Sonntag, an dem er zu Hause ist, und gegen halb acht schaltet er den Fernsehapparat ein. Er sieht dann die Nachrichten und schaut sich einen Film an, so wie immer, manchmal sogar zwei, hintereinander, dann wartet er auf Spätnachrichten, und dann geht er schlafen. Es scheint ihn alles so zu interessieren wie sonst, während ich beim Anblick der Sprecherinnen auf dem Bildschirm wissen möchte, ob sie Kinder haben, und beim Anblick aller Politiker, wie sie als Babys ausgesehen haben und welche Fehler ihre *Mütter* mit ihnen gemacht haben, so daß sie oft starre und leblose Haltungen einnehmen. Wenn der Abendfilm beginnt, möchte ich gewisse Geschichten gar nicht mehr sehen, weil mir vorkommt, daß alles immer mehr oder weniger auf dasselbe hinausläuft: Betrügen und betrogen werden, lieben und

Enttäuschungen erleben, Totschlag, Mord, Scheidungen, Hochzeiten, und ich frage mich, was von dem allen aus lebensnahen Filmen einmal mit unserer Tochter geschehen wird. Ich gerate dann in einen Zustand, über den ich mit Hermann gerne reden möchte, aber er ist so ins Schauen und Zuhören vertieft, daß ich den Verdacht habe, er denkt nicht an uns, im Gegenteil, er lenkt sich gerne von uns ab.

Ich mache mir dann Vorwürfe, weil ich keine strahlende Mutter sein kann. Und ich denke mir dann: Mit mir stimmt etwas nicht, ich bin zu vergrübelt, und grübelnde Menschen sollen keine Kinder bekommen, sie stören das fröhliche, unbeschwerte Aufwachsen ihres Kindes. Ich mache mir dann einen Vorwurf daraus, daß ich so eine ernste Mutter bin, und ich habe Angst, auf Monika einen Schatten zu werfen.

Natürlich spielt auch eine Rolle, daß Hermann nie zu mir sagt: Ruh dich aus. Und daß er schon lange kein liebes Wort mehr zu mir sagt. So frage ich mich, ob es Monika auch einmal so gehen wird neben einem Mann, daß sie ein Kind zur Welt bringt und keine Liebe und auch eigentlich keine Dankbarkeit

von ihm bekommt, sondern daß der Mann es als selbstverständlich nimmt, wie Hermann, in der Wohnung umhergeht, als wäre es das Normalste von der Welt, daß man einen Menschen zeugt. Einen Menschen, der ein langes Leben vor sich hat, mit vielleicht vielen, vielleicht gar keinen Krankheiten, mit Schicksalsschlägen, mit vielleicht einem schweren Unfall, und dann bin ich verzweifelt. Er weiß gar nicht, denke ich, was er getan hat. Er will gar nicht wissen, was er und ich heraufbeschworen haben.
Ich fotografiere Monika jeden Tag, damit sie später nicht traurig ist, wenn andere Kinder viele Fotos von sich haben und sie keines. Aber ich lasse mich nicht mit ihr fotografieren, sondern bitte Hermann, daß er sie hält. Wenn er will, daß ich mit auf dem Bild bin, verschwinde ich mit einer Ausrede. Ich weiß, daß das eine gewisse Feigheit von mir ist. Und ich komme mir beinahe so vor wie meine Mutter Missetäterin, die sich aus dem Staub gemacht hat. Aber ich möchte nicht, daß fremde Menschen eines Tages, wenn Monika erwachsen ist und ihre Kindheitsfotos herzeigt, auf den Fotos alles sehen. Ich glaube, daß man mir jede Regung anmerkt, und zur

Zeit habe ich ein Gesicht, das fühle ich vom Morgen bis zum Abend, als ob es geohrfeigt worden wäre.

Hermann und Monika liegen in einem Bett. Er hat Monika eine Flasche zum Kopf geschoben. So kann er neben ihr schlafen. Wenn sie weint, steckt er ihr die Flasche in den Mund. Er sagt, die Flasche habe eine ganz genaue, von ihm kalkulierte Neigung. Er brauche nur Monikas Gesicht ein wenig zur Seite zu drehen, dann schnappe sie den Schnuller, und so brauche er in der Nacht, wenn sie aufwache, die Flasche nicht zu halten, sondern füttere sie quasi im Schlaf.
In der Früh liegt die kleine Moni schon auf dem Sofa im Wohnzimmer. Sie schaut umher mit Blicken, die jeden Tag ein wenig munterer werden. Manchmal lächelt sie mit offenen Augen, so als würde sie die Tapete wiedererkennen. Und die Lampe, die ich mit einer Windel verhängt habe, damit sie sanftes Licht gibt. Aufstoßen muß sie viel. Niesen tut sie. Gehustet hat sie auch schon zweimal.
Kleine Moni, wie ich dich zum ersten Mal lächeln gesehen habe, da war in mir die Ah-

nung von etwas Himmlischem und Heiligem. Ich hätte mit Hermann gern darüber gesprochen, aber er redet seit Tagen nichts mit mir. Nur wenn ich ihn dringend etwas frage, gibt er Antwort. Und mit einer Stimme, so daß mir das Fragen vergeht.

Die Nachbarin war da und hat gesagt: »Ma sogt, sie spüt sie mit die Engerl. Wenn a Kind so lacht. Weil, mit wos soi si so a klans Kind spün? Wanns no so unschuidig ist! Später, die Erwachsenen, die spüln sie mitn Teufi oft! Aber so a Kind, des tuat sie mid die Engerl spün. Weil, mit wem sonst?«

Hermann ist nicht glücklich mit mir. Ich jammere ihm zuviel. Er hat versprochen, er wird für uns kochen, aber ich merke ihm sein Bemühen so sehr an. Ich spüre, daß er nicht gern bei uns ist. Gestern, in der Nacht, hat das Telefon geläutet. Er wollte selbst abheben, aber ich bin zufällig mit dem Kind um den Bauch gebunden dort gestanden. Ich habe abgehoben, es hat sich niemand gemeldet.

Das war heute wieder, und Hermann ist, als ich es ihm gesagt habe, aus der Wohnung gerannt. Nach einer Stunde war er wieder da. »Nur einkaufen.«

Beim Stillen die Angst, sie zu vergiften. Angst, sie wird hinunterfallen, dann ist sie ihr Leben lang gelähmt. Dann der Gedanke, daß Monika alles weiß, daß sie nichts redet, weil sie duldet, weil sie leidet und dazu bereit ist.

Wenn Hermann sie trägt, Wodkaflasche in einer Hand, Monika im Arm, möchte ich sie ihm wegreißen, weiß aber nicht, wie, ohne ihn zu kränken. Dann denke ich: fürs ganze Leben gelähmt. Ich schleiche mich an, nehme sie, mit ein paar gelegenen Worten, und dann redet Hermann nichts mehr.

Die Debatten um die Telefonanrufe werden immer schmerzhafter. Ich kann nicht mehr stillen, weil ich mich so aufgeregt habe. Der Kinderarzt hat mir Beruhigungstabletten verschrieben. Auf der Packung steht: »Abstillen wird empfohlen.« So muß ich mich also von deinem Mund verabschieden.

Habe eine Nacht bei einer Freundin geschla-

fen, weil ich das Warten, ob Hermann kommt, nicht aushielt. So hatte ich eine ruhige Nacht und probierte das Stillen wieder. Aber weil ich ausgesetzt habe, rinnt fast keine Milch.
Du schaust schon viel herum, und ich glaube, daß du uns schon siehst. Oder: mich. Du trinkst brav das Getränk gegen den Durchfall, den du gestern plötzlich bekommen hast.

Monika hat blanke Augen. Wahrscheinlich werden sie wie die von Hermann werden. Nach der Geburt waren sie dunkelblau. Ihre Finger sind schlank, die Bewegungen graziös.

Hermann lügt unheimlich.
Das Telefon klingelt: »Grüß dich. Ich bin's, die Regine. Ich muß den Hermann ganz dringend sprechen.«
Ich: »Der ist nicht da.«
Regine: (legt auf)
Hermann: (einige Stunden später): »Da, das schickt dir die Regine. Sie läßt dich schön

grüßen, auch wenn du am Telefon unfreundlich zu ihr bist. Sie sagt, du brauchst sicher viel Wäsche für das Kind. Wer da in der Nacht anruft, übrigens, weiß ich nicht. Sie sagt, sie war es nicht.«

Regine. Angeblich ist sie nicht in ihn verliebt, sondern nur »ungeheuer hilfebedürftig«, und »kennt sich mit nichts aus«, und ihr Verhältnis zu Hermann besteht nur darin, daß sie die Fotokopien, die er im Institut nicht braucht, benützen darf als Schmierpapier, und nachher unterhalten sie sich noch eine Weile über ihr »Sachgebiet«, und das ist alles. Weshalb sie manchmal anruft und wieder auflegt, wenn ich am Apparat bin, erklärte Hermann mir so: »Sie hat unglaubliche Schwierigkeiten mit Männern. Ich bin irgendwie ihr größerer Bruder. Sie hat am Institut einen Kollegen von mir näher kennengelernt, und der hält sie hin. Bei mir weint sie sich aus.«
Auf meine Frage, ob sie nicht weiß, daß wir ein Baby haben, sagt er: »Genau das weiß sie. Schau, sie ist so unglaublich treuherzig, daß sie halt denkt, du hast eh das Kind, und die Regine hat ja nichts! Nichts!«

Regine, die immer nur mit Hermann über einen anderen Mann reden will, hat Hermann dringend gebraucht, und er ist in der Nacht von uns weggegangen, »weil mich das Gewissen drückt, sie ist eine gute Kameradin, alle im Institut haben sie gern, ich kann sie nicht hängenlassen!«

Hermann ist vor einer Woche ausgezogen. Zu Regine.
Habe ihn, weil Silvester war, gestern angerufen.
»Es ist ein Zufall, daß du mich erreichst. Ich wollte gerade weggehen.«
Habe ihn gefragt, ob er kommen möchte. Es ist mir grausam erschienen, Moni, ihn den letzten Tag des Jahres ohne Dich verbringen zu lassen. Ich wollte nicht, daß er für immer die Erinnerung an einen Silvesterabend behält, an dem er nicht bei seinem Kind sein konnte. Also habe ich ihn gebeten, mir in der Nacht zu helfen. Er ist umhergeschlichen, und sein Schleichen hat dich geweckt. Geh normal, habe ich gesagt, sie kennt doch unsere Geräusche, noch von früher. Dann hat er gewispert, und du bist wieder aufgewacht, weil du an Wispern nicht gewöhnt bist. Er war sehr beflissen. Aber dieses Beflissene hat

mich eher gestört. Es paßt nicht zu ihm. Gegen fünf Uhr ist er gegangen und hat mir einen Zettel geschrieben: ½ Flasche 2.25 Uhr, ¾ Flasche 4.10 Uhr.

Ich habe von einem Naturvolk gehört. Dort wickeln Frauen Kinder in Mehl. Es gibt eine Hütte, in der liegt eine Frau, die gerade geboren hat. Man läßt sie in angenehmem Halbdunkel. Dämmerung, zum Tag, zur Nacht, viele Tage und Nächte hindurch. Frauen treten leise heran, bestreuen das Kind mit Mehl, dann geben sie es der Mutter, die es an die Brust legt.
Die Männer sind weit entfernt. Sie gehen ihren Beschäftigungen nach. Die Frauen aber umkreisen die Hütte, in der das neugeborene Kind liegt. Sie geben dem Kind Namen. Jede darf einen Namen geben, und das Kind hat so viele Namen, wie Frauen da sind. Alle Frauen betreuen es, und später bleibt dem Kind der Name, mit dem es am häufigsten gerufen wird, und diese Patin wird dann eine wichtige Frau für das Kind, wie eine Mutter.

Ein Kind, ich habe ein Kind, muß ich mir laut sagen, leise denken, ich habe ein Kind, immer schaue ich sie an, wenn sie schläft, wenn sie zu mir herschaut, ich kann es nicht glauben.
Seit Hermann fort ist, möchte ich mich allein über Monika freuen können. Sie liegt im Gitterbett, alles ist in Ordnung, sage ich mir, der Tag ist ruhig verlaufen, Stille in der Wohnung, Stille in der Welt. Wäre doch die ganze Welt jetzt still.
Ich sehe mich sitzen auf einer Weltkugel, mit Monika im Schoß, allein.

Lied

Still, still, weil's Kindlein trinken will
So winzig hängt es an deiner Brust, und saugt ganz fest
Als habe es das immer getan, es wußte von Anfang an, wie es geht
Mein kleiner Säugemensch
Und ich sitze allein auf einer riesigen Weltkugel
Kein Vater, keine Mutter bei uns
Kein Bauernhof mit Großeltern und gakkernden Hühnern
Nur du und ich

Und ich muß dir die Sterne zählen, Mond und Sonne
Viele Monde, viele Sonnen
Es fährt an meinen Rücken
der kalte Sturm, der durchs Universum bläst.

Habe Monika gefüttert, auf dem Fauteuil am Fenster sitzend, und zum ersten Mal hat die Sonne durch ihr Ohr geschienen. Ihr Herz klopfte.
Sie hat zur Lampe geschaut, zum Fenster. Am Abend interessierte sie sich für die Lampe, die sich in der Dunkelheit im Fensterglas spiegelte.

Nachrichten an die Freunde schreibe ich mir ins Tagebuch für spätere Briefe.
Denn die Freunde, sie kommen so selten, obwohl – weil – du ein Kind – *ohne Mann* – hast – auch gar nicht.
Habe mir aus einem Sachbuch herausgeschrieben:
Üben Sie während der Schwangerschaft, oder am besten schon vorher, auch wenn Sie nicht vorhaben, ein Kind zu bekommen,

denn es schadet nicht, diese Worte zu beherrschen: »Mischen Sie sich nicht ein!« Spätestens wenn Ihr Kind da ist, werden Sie merken, wie wichtig es ist, sich gewisse Personen vom Leib zu halten. Der Sinn von den guten Feen und der einen bösen im Märchen wird Ihnen aufgehen. Jedoch sind es in der Wirklichkeit zwölf böse und nur eine gute. Sie werden Personen begegnen, die unter dem Vorwand, etwas Hilfreiches zu sagen, Unsicherheiten in Ihnen verbreiten. Am Ende der Schwangerschaft, nämlich dann, wenn Ihr Kind Sie am meisten braucht, sind Sie so weit, daß Sie es als den Besitz der anderen empfinden, wo es doch niemandes, nicht einmal Ihr Besitz ist.

Mit Monika bin ich den Menschen ausgeliefert. Sie ist fast für jede Passantin ein Anlaß, bei mir stehenzubleiben und etwas über Kinder »im allgemeinen« zu sagen.

Wenn ich aufwache, seit Hermann fort ist, das Weinen des Kindes: schreckliche Dissonanz.

»Stillen Sie?« fragen fremde Leute auf der Straße, kaum lasse ich mich auf ein Gespräch ein.
»Na, ihr zwei? Wie geht es euch?« fragte eine Bekannte, deren Tochter schon fünf Jahre alt ist. Sie sagte, sie müsse dringend zum Arzt, ob ich ihre kleine Tochter, die mir so groß vorkam, mitnehmen würde auf meinen Spaziergang.
»Schläft sie durch?« fragte das Mädchen.
»Nein.«
»Der Jakob bekommt am Abend seine letzte Mahlzeit, dann schläft er durch. Er hat schon nach vier Wochen durchgeschlafen«, sagte das Mädchen.
Ich wurde neidisch. Wer ist Jakobs Mutter? Wie hat sie das geschafft? Es gibt also doch Kinder, die das konnten.
»Am Abend ißt er, dann schläft er ein. Er wacht erst in der Früh auf!«
Wir gingen in einen Park, nachdem das Mädchen abwechselnd links und rechts vom Kinderwagen gegangen war, je nachdem, ob rechts oder links Autos an uns vorüberbrausten.
Buben spielten Ball. Als wir in Geschoßnähe kamen, hörten sie für ein paar Sekunden auf.

Dann blieben wir stehen bei einer Frau, die ihr Kind nicht beachtete, als es uns und dann wieder sie anlächelte.
Sie schien auf jemanden zu warten. Das Kind übte vor einer leeren Schaukel das Kunststück, möglichst lange aufrecht zu stehen.
»Der Jakob schläft drei Stunden am Nachmittag«, sagte das Mädchen. »Manchmal sogar vier.«
»Ja, ja.«
Das einjährige Kind war ziemlich rund. Die Mutter wirkte traurig. Es war, als suchte sie etwas. Dann sah ich, daß sie schwanger war. Und sie kam und sah, daß mein Kind im Wagen auf dem Rücken lag.
»Legen Sie ihn auf den Bauch! Mein Arzt ist ein guter Arzt! Er hat sogar ein Buch geschrieben! Also, mein Arzt schwört darauf, daß die Bauchlage am besten ist. Die Rückenmuskulatur wird besser entwickelt!«
»Was ißt sie denn? Spinat?« fragte das Mädchen.
»Sie kann noch nichts essen. Sie trinkt.«
»Sie trinkt nur?«
»Ja. Sie trinkt Milch. Sie hat keine Zähne, weißt du.«
»Sie hat keine Zähne?«

»Nein.«
»Gar keine Zähne?«
»Noch nicht. Später bekommt sie Zähne. Sie ist noch klein. Du hast auch einmal keine Zähne gehabt!«
Sie hilft mir schieben. »Jakob hat schon Zähne. Er ißt Reis, Spinat, Karotten, Äpfel geschabt. Er ißt alles!«
»Ja, ja, das glaube ich dir.«
»Du glaubst mir?«
»Sicher glaube ich dir das.«
»Das glaubt mir nicht jeder!« sagte sie. »Nicht jeder glaubt mir alles!«
»Ich glaube dir, wenn du es sagst. Wie alt ist denn dieser Jakob eigentlich?«
»Fünf. Genau wie ich. Er ist meine Puppe«, sagte das Mädchen.

Lange Nächte. Allein.
Samentröpfchen, welches warst du, von wem getrieben, und wer hat dann ausgewählt, welches Tierchen (so seht ihr aus, wenn man euch, ihr ahnt nicht wie, vergrößert! Wann wird man uns Menschen durch eine Lupe ansehen, die enorm verkleinert, so daß wir kaum noch welche sind?), ja, welches

Tierchen darf zur Urzelle im Mutterleib, Frauenleib. Und wie rivalisiert ihr, wer kämpft da, wofür? Weiß er denn, was nachher sein wird? Leben, und wie kostbar also diese Flüssigkeit ist. Man möchte nicht glauben, daß die Wesen, aus denen ihr kommt, »Männer« genannt, euch in Toiletten und Bettüchern verenden lassen, oft jahrelang, und ihr laßt es euch nicht verdrießen, ihr wachst nach, und immer kann ein Mann zeugen, auch wenn er noch so sorglos, ja, man darf sagen, verächtlich mit seinem Samen umgegangen ist. Natur scheint dagegen nichts zu haben, sie ist nun einmal – von uns aus beurteilt – verschwenderisch.
Nur, wie würde Natur über uns urteilen? Hat Natur uns Frauen zu Maschinen gemacht, die pünktlich, wenn der Mond richtig scheint, ihr Ei hervorbringen und sterben oder zu weiterem gedeihen lassen? Oder kümmert Natur sich nicht um uns, nicht um Persönlichkeit, Würde, Anstand? Sind wir ihr gleichgültig, solange sie, die Natur, zu ihrem Ziel gelangt: Evolution. Eine Weiterentwicklung, Verbesserung (genetisch, natürlich!) alles Seienden. Oder ist das eine irrige Denkweise, die sich seit einigen Jahr-

zehnten in unseren Köpfen breitmacht? Ist das Anliegen der Natur, falls sie eines hat, das Glück oder die Verbesserung hin zu einem uns Menschen ganz unbekannten (biologischen) Ziel, bei dem wir nur Material sind?

Und wo steht in all den angeblich so gescheiten und sinnvollen und nützlichen und so weiter Büchern etwas vom Leuchten in Kinderaugen?

Wer hat eines dunklen Tages das kurze Wort »Natur« erfunden zum Ersatz für »ich weiß nicht«.

Und »Gott« für: »Mäßigt euch!«

Mäßigt euch, o Menschen, da ihr sehr vieles nicht wißt. Jedoch liegen die Theologen und die Naturwissenschaftler oft im Widerstreit.

Kind, wie bist du mir dann eine schlichte Antwort auf alles. Und all die Bücher, die ich im Kopf aneinandergereiht habe, wie gerne hätte ich die nie gelesen, und alles das, was ein Lehrer von seinem Katheder aus in jahrelangen Monologen, oft dreimal wöchentlich eine Stunde, verkündete, nie gehört.

Wie sie mich einmal anstrahlte, erwartungs-
voll,
Als sie in der »Wippe« in der Küche saß.
Die »Wippe« stand auf dem Küchenboden
Ich versuchte eine Dose zu öffnen, mit
einem großen Messer.
Die Messerspritze brach.
Ich wußte nicht, wohin sie geflogen war.
Ich schaute sie an.
Ihre blanken Augen strahlten. Weit offen.
Sie wußte nicht, was ihr jetzt ins Auge fliegen
hätte können.
Dieses Nichtwissen.
Es trennte uns so sehr.
Was ich weiß, weißt du nicht.
Ich wünschte mir, daß du es nie erfahren
sollst.

Und jetzt beginnt mein Kampf gegen deine Natur, Kind. Du merkst nämlich seit einiger Zeit, daß das nichts Gutes ist, eigentlich, das Angezogenwerden. Immer wieder muß ein Arm in ein Loch geschoben und durch einen Trichter geführt werden, und ein Bein, und noch ein Bein, und der zweite Arm, und du willst nicht. Ich verstehe das sehr gut, daß du das alles nicht willst, und ich muß zu einer Verabredung, und dorthin darf ich dich nicht nackt mitnehmen, in ein dickes Fell gehüllt, obwohl mir das als das einzig Richtige erscheint. Aber weißt du, eine Mama allein, ohne männlichen Begleiter, wird so leicht als verrückt hingestellt. Also ziehe ich dich an, wider Willen. Wider deinen, wider meinen, du willst nicht, du wehrst dich, du spielst, du kämpfst, ich kämpfe auch, gegen meine Überzeugung. Solche Kämpfe sind übrigens die furchtbarsten, weil sie, auch wenn man sie gewonnen hat, sinnlos waren. Und als angekleideten Menschen trage ich dich dann hinunter, und natürlich komme ich zur Verabredung um eine halbe Stunde zu früh, denn ich habe so gerechnet: Ungefähr zwei Stunden wird das dauern, bis wir die Wohnung verlassen können.

Ich gehe Hermann in einem Park treffen und schäme mich, weil ich geschminkt bin.
Die Nachbarin hat gesagt: »Richten S' Ihnen her! Richtig fesch müssen S' sein! Und lustig! Des mag a Mann net, wann a Frau a G'sicht macht.«

Aber als ich bei Hermann ankomme, ist mein Gesicht nur Schminke. Darunter bin ich verschwitzt, unterm großen, wattierten Mantel, den ich gekauft habe, damit ich beim langen Sitzen im Park und beim langsamen Gehen mit dem Wagen nicht friere. Ich gehe auch immer sehr langsam, damit ich möglichst spät nach Hause komme.
Hermann hat gesagt, daß er sehr »im Streß« ist. Wir haben ein paar Minuten höflich miteinander geredet. Dann hat er sich schnell verabschiedet.

Furchtbare innere Schwankungen. Traurig, Mutter sein zu müssen, an alles Schlechte denken, was es auf Erden gibt, tot sein wollen, und dann: Vielleicht wird es besser, wenn ich von Hermann geschieden bin.
Das Kind ist uninteressant, denke ich oft. Ich wünsche mir andere Aufgaben. Wem dürfte ich das sagen? Ein ganzes Leben mit einer Tochter verbringen. Trieb, Hermann etwas zu beweisen, ihm das Kind zu geben und zu sagen: »Nimm, ich liebe dich wirklich nicht mehr, sogar dein Kind kannst du zurückhaben.«

Bin in den Kriemhildpark im 15. Bezirk gegangen, wo ich keine Leute kenne, und dort war es so schön, daß ich mich zum ersten Mal auf die bevorstehende Scheidung freute.
Hermanns Namen behalte ich, weil ja Monika auch so heißt. Sie ist ehelich geboren, und nur ich könnte meinen Geburtsnamen wieder annehmen.

Sieben Monate und ein paar Tage ist Monika nun alt. Ich habe heute nacht gut geschlafen mit den »Antidepressiva«, die mir der Arzt verschrieben hat. Morgens nehme ich dazu eine Kreislaufkapsel. Monika weinte heute in der Nacht, wachte aber nicht ganz auf.
Das beste wird sein, Hermann bei der Scheidung in allem nachzugeben.
Die traurigen, flehenden Augen, mit denen Monika mich manchmal anschaut: Bitte, verstehe mich.
Jetzt schläft sie. Es ist noch heller Abend. Manchmal wünsche ich mir, daß Johann um so eine Zeit kommt, aber er meldet sich nur, wenn er Zeit hat.

Habe dem Drängen Johanns nachgegeben und ihm erlaubt, daß er in der Nacht zu uns kommt. Er hält immer meine Hand und schaut mir in die Augen. Ich habe ihm gesagt, daß ich in erster Linie einen Vater für Monika brauche. Und daß ich nicht weiß, ob ich ihn liebe. Auch, daß mir momentan der Appetit auf Körperliches zwischen mir und einem Mann vergangen ist. Aber Johann hat versprochen, er wird mir Zeit lassen.
Mir hat, eigentlich, sehr gefallen, daß er nicht gesagt hat: »Ich gebe dir Zeit.«

Johann sitzt bei uns mit so traurigem Gesicht, daß ich ihn am liebsten verführen würde. Aber noch immer kann ich zwischen einem Vater für Monika und einem Liebhaber für mich (oder gar Mann) die Brücke nicht finden. Ich möchte nicht mit Johann schlafen, damit er zufrieden ist (er sagt, er hat nicht das Gefühl, bei mir ein Mann zu sein!), und dann von ihm abhängig werden. Außerdem weiß ich nicht, ob ich auf ihn überhaupt Lust habe. Wenn ich mit ihm ins Bett gehe, damit er mich »gehabt« hat, bin ich eigentlich eine Hure. Ich meine: Der Monika zuliebe mit einem Mann schlafen?

Wer meine Wohnung betritt, den warnt kein Schild: Vorsicht, du trittst jetzt in deine eigenen ersten Fußstapfen. Mokiere dich nicht! Toleriere!
Aber da ist das Naserümpfen eines ehemaligen Kollegen. Windeln liegen nicht herum, jedoch könnte, was weiß und weich auf dem Boden liegt, eine Windel sein. Auch rollt da ein Ball völlig unmotiviert von einer Ecke in eine andere, und ein Lego zerbricht unter seinem Schuh.
Das Kind, dieser ewige Missetäter, strahlt ihn an. Die Augen des menschenhautfarbenen Frosches leuchten. Ihr Näschen glitzert. Sie hat einen Schnupfen. Sie rutscht immer näher zu dem großen Fremden.
Großformat. Monika hat so etwas gern. Einen Mann, noch dazu einen mit einer Pfeife, auf Besuch. Monika freut sich über jeden gigantischen Zweibeiner, der da zur Tür hereinkommt und ein paar Worte zu ihr sagt. Monika schenkt gleich alles her, was sie hat,

zeigt her, streckt hin: Schokolade, Kakao, Kekse.
Aber der Herr weicht zurück. Er möchte sich doch nur ganz normal, auf einer menschlichen Ebene, mit mir unterhalten. Und dieses Weib gebärdet sich, als zähle in der Welt nur ihr Kind.
Exakt.

Erste Nacht mit Johann. Er hat mich ganz gut behandelt und wäre, glaube ich, wenn ich öfter mit ihm schliefe, ein sogenannter braver Mann. Er hat erzählt, daß ihm im Internat, wo er fast zwölf Jahre war, weil seine Mutter ihn abschob, gelehrt wurde, daß Frauen stinken. Und was die Patres im erzkatholischen Kloster mit kleinen Buben machten, würde ich ihm nicht glauben, wenn er es mir erzählte.
Er sagt, das Internat hat ihn fürchterlich geprägt, und nachher hat er »alles gebumst, was mir über den Weg gelaufen ist, einfach, weil ich beweisen habe müssen, daß ich mit Frauen kann. Dabei habe ich mir einen Tripper geholt, und den habe ich verschleppt, habe mich geniert, bin nicht rechtzeitig zum

Arzt gegangen, und seither bin ich zeugungsunfähig.«
Ich habe mich ein wenig geekelt, weiß aber nicht genau, wovor. Vielleicht vor dem Wort »Tripper«. Es hat mir immer mißfallen, es klingt ja so unternehmungslustig.
Verstehe jetzt Johanns Schüchternheit, glaube ich. Und was er meinte, wenn er früher so oft betonte, Vatersein habe nichts mit Biologie zu tun, sondern sei eine soziale Aufgabe, die ein Mensch entweder von Anfang an übernehme oder gar nicht.

Johann hat mir erst jetzt gestanden, daß er sich von einer Frau, mit der er bisher gelebt hat, innerlich noch lösen muß.
»Der habe ich Wege abgenommen, drei Jahre lang bin ich für sie auf die Uni, habe in den Archiven geforscht für ihre Dissertation, habe Fotokopien gemacht für sie, ihre Diss. umgearbeitet, kurz, alles, was eine Frau normalerweise für einen Mann tut, wenn sie ihn gern hat.«

Monika ist meine kleine Gefangene, sie muß mit mir überall hingehen. Ich herrsche nicht gern über ein Kind, Herrschaft reizt mich nur, wenn einer zu mächtig ist.
Ein Mönch spaziert mit einem Hund. Jeder Hundebesitzer ein kleiner, anerkannter Dompteur.
Monika tapst in einen Hof, schaut alles genau an. Ich reiße sie von nichts weg, die Welt soll kein großes Nein für sie werden und kein Pfui.
Ausrasten im Kaffeehaus. Jetzt will ich mich nicht mehr um sie kümmern, jetzt sollen die Kellnerinnen und die wenigen Gäste, die da sitzen, ein wenig mit der Tatsache leben, daß auch ein Kind da ist.
So manche halbe Minute freundlichen Geplauders bekommt Monika hier geschenkt.
Sie bleibt gern barfuß, denn da rutscht sie nicht. Andere kleine Kinder gehen mir auf die Nerven. Im Kinderwagen steht sie und schaut aufs unten vorbeiziehende Pflaster, wenn ich sie schiebe. Sie schaut Kindern nach. Wenn in ihrer Nähe jemand hustet oder niest, zuckt sie zusammen. Meistens schläft sie in einer Hockstellung, mit dem Gesicht nach unten.

So oft denke ich: sie ist nur ein Leih-Kind. Bevor sie etwas hinunterwirft, wovon sie weiß, daß es Lärm machen wird, macht sie die Augen zu.

Johann hat mir gestanden, daß er schuldlos in mich verliebt war, vom ersten Augenblick an, in dem er mich gesehen hat, denn ich bin – und ich erinnerte mich, als er es erzählte! – allein im Kino gesessen, und er – aber davon wußte ich damals nichts! – zwei Reihen hinter mir.
Der Saal begann sich zu füllen, und zuletzt kam Hermann – typisch! – und setzte sich neben mich. Johann hat damals nicht gewußt, ob ich zu Hermann gehörte – finde ich auch sehr passend! –, weil Hermann sofort seinen Schlips richtete und auf die Leinwand schaute, dann mit einer Kino-Nachbarin – ich erinnere mich! Ich war damals sehr verletzt! – zu plaudern begann, und er tat – so wie oft! –, als kenne er mich nicht. Während hinten Johann saß und meinen Hals bedachte, angeblich, mit vielen Zärtlichkeiten, die er mir gern erwiesen hätte, denn angeblich hat Johann sich in meinen Haaransatz verliebt – die

Frisur, die ich damals trug, um Hermann zu gefallen! –, und er hat – dabei lachte er, als er es erzählte, aber ich finde es eher traurig! – während der Vorstellung gedacht: Wie mache ich es, daß ich an diese Frau herankomme, ich muß Hermann fragen, der kennt sich aus mit Weibern (sic!), und ich werde irgendwie, bevor der Film aus ist, Hermann ein Zeichen geben, daß ich da bin, daß er mit mir rasch aus dem Saal soll, weil ich draußen etwas Dringendes mit ihm zu besprechen habe. Denn Johann (ich finde es rührend, aber es ärgert mich natürlich auch, wie Männer immer entweder dumm oder überlistig sind) wollte Hermann bitten, draußen im Freien, in der Helligkeit, mit mir anzubandeln, und mich dann (sic!) zu »überreichen«. Um so erstaunter war der arme Johann dann, als Hermann aus dem Kino kam, mit einer Hand ihm (Johann) zuwinkend, und in der andern hielt er meinen rechten Busen.

»Es ist für mich dann sehr schwer gewesen«, hat Johann gesagt. »Ich habe nicht gewußt, ob du eine, verzeih, Bumsfreundin bist oder etwas Ernstes. Und ich habe mich dann, als ich gesehen habe, daß der Hermann echt auf dich steht, zurückgehalten. Aber dein Hals

hat mir so gefallen. Ich habe dein Gesicht gesehen, und das hat mich nicht sonderlich beeindruckt. Hübsche Frauen gibt es ja viele. Aber dein Hals! Ich hab unheimlich auf deine Haut gestanden, von Anfang an, und zitternd wie ein Jüngling bin ich dann neben euch gegangen, mit Herzklopfen wie ein Vierzehnjähriger, echt! Ich habe euch dann gemieden, es war mir unheimlich peinlich. Und später habe ich ja gesehen, wie du dich abplagst. Ich habe immer alle Verhältnisse von Hermann gewußt, weil er ja, wenn wir unter vier Augen waren, ungeniert geredet hat.«
Johann wollte mir leider nicht sagen, was. Er hat gesagt, wenn wir Frauen wüßten, was Männergespräche sind, würden wir alle den Mut verlieren.

Im Juli ist Hermann plötzlich dagestanden und hat erklärt, er will mit Monika und mir verreisen, und was ich mit dem Internatszögling will, der Johann sei ein »troublemaker«, und ob ich nicht weiß, daß er mich liebt, daß er Vater sein möchte, daß es ihm erst jetzt bewußt wird, wieviel ich ihm bedeute. Wir sind nach Süden gefahren, haben in einem Gasthof übernachtet, Monika hat dort ihr Fläschchen aus einem Zahnputzglas bekommen, wir schliefen im Doppelbett zu dritt. Monika ist vor dem Einschlafen herumgekrochen, dann hat Hermann mich auf den Teppichboden ziehen und dort mit mir schlafen wollen, aber ich war eher auf ein klärendes Gespräch erpicht.

Hermann hat meine Fragen abgewehrt mit dem Satz: »Daß ich nicht unfehlbar bin, hast du immer gewußt, und wenn ich mit anderen Frauen schlafe, brauche ich es wahrscheinlich, du dummer Hase, sonst würde ich es ja nicht tun.«

Das »dummer Hase« hat mich dann weichgemacht, und mittendrin hat er gefragt, ob ich beim »Internatszögling« auch so viel Genuß habe. Und er hat mich an den Haaren gezogen und in den Busen gebissen, ich war irgendwie fassungslos über diese Grobheiten, konnte aber nicht mit ihm streiten, wegen Monika. Am Morgen weinte er. Ich habe aber nicht das Bedürfnis gehabt, ihn zu trösten. Monika weinte auch, und mit dem Kind im Arm bin ich im Zimmer auf und ab gegangen,

habe mich geschämt dafür, daß ich noch immer Hermanns Hände so gern auf mir spüre, und ich wollte ihn zur Rede stellen, wegen dieser Regine, habe mich davor aber noch viel mehr gefürchtet als vor seinen Tiraden Johann gegenüber.
Und dann habe ich mich dafür geschämt, daß ich ein Kind habe von einem Mann, der eine ständige Geliebte genau zu der Zeit brauchte, in der ich geglaubt hatte, ich würde ihn zu einem Familienleben bekehren.
Während ich Monika hielt, fragte ich dann doch leise, ob er jetzt außer mir jemanden habe oder nicht, und er sagte: »Bist doch eh schon wieder schwanger. Glaubst du, ich mache dir ein zweites Kind, wenn ich nicht vorhabe, bei euch zu bleiben?«
Es ist schade, aber immer, wenn ich Tagebuch schreibe, habe ich ein schlechtes Gewissen (das alles wird meine Tochter einmal lesen), und zwinge mich zur Zensur. Dann wieder möchte ich alles hineintun, auch die Gewalt, die Hermann über mich hat, irgendwie schildern. Es ist eine Brutalität, die immer einhergeht mit Hermanns angenehmem Murmeln, bei dem mir die Knochen schmelzen, ich kann es nicht anders ausdrücken,

und dann seine Hände, die so verläßlich aussehen, so als könne dieser Mensch nie lügen.

Nervös. Am 27. Juli waren wir wieder in Wien, nach einer recht unangenehmen Fahrt, tagelang, ohne daß Hermann etwas redete. Er schien es sehr eilig zu haben, und kaum waren wir in der Wohnung, läutete das Telefon. Er stürzte hin, aber es war Johann. Er gab mir den Hörer. »Es ist alles deine Entscheidung!« sagte er, und dann ging er.
Als ich aufgelegt hatte, läutete es wieder. Es war Regine. Ich hörte Hermann noch im Vorhaus, er rüttelte an einem der Fahrräder, die dort stehen, wahrscheinlich, um zu schauen, ob seines noch dort war. Ich sagte: »Er ist nicht da.«
Und irgendwie stimmte es ja auch.
Johann kommt jeden Tag, aber ich lasse ihn nicht hier übernachten.

Monika sieht, wie ich Bilder umhänge, nimmt dann später ein kleines Bild und legt es an die Wand, schaut und wundert sich, daß es nicht hängenbleibt, wundert sich, läßt es sein.
»Ugl gogl gogg«, redet sie vor sich hin und heute in der Früh, »oje!«
Im Konsum macht sie den hübschen Kassier jedesmal auf sich aufmerksam. Manche Menschen sind so sympathisch, warum viele andere nicht? Die Frau T. O. vom Café L., die mir sagt, sie habe der Frau Heiner das Geld für meine Konsumation gegeben. Ich saß im Freien, wollte die »Wochenpresse« lesen, ärgerte mich über Monika, die mich nicht ließ.
Wir schauten uns gemeinsam im Fernsehen das Begräbnis von Ex-Kaiserin Zita Habsburg-Lothringen an.

Monika durfte gestern viel in ihrer rosaroten Badewanne sitzen, im Nassen und im Trokkenen. Sie spielte mit der Brause. Dann wollte sie im Waschbecken sitzen. Nachher wieder in der Wanne. Auf den Küchentisch wollte sie, und so gern geht sie an meinen Händen durch die Wohnung. Wenn ich sie genug geführt habe, spielt sie in einem Winkel.
Der Staubsauger hat sie vor einer Woche noch sehr interessiert. Gestern und vorgestern hat sie die Toilette genauestens studiert. Vom Wasser in der Toilettenmuschel kostete sie und gab mir auch. Sie läßt sich immer weniger gern anziehen. Am Fernsehapparat schaltet sie herum. Mit dem Telefon spielte sie gestern lange.

Wir wohnen ebenerdig. Das Fenster der Küche zeigt einen Ausblick auf die gegenüberliegende Hausmauer. Unsere Gasse ist schmal. Sie steht voll Autos. Wenn ich frühstücke, sehe ich Autodächer und Autofenster. Wenn ich zu Mittag esse, auch. Am Abend wird es besser, da ziehe ich die Vorhänge zu und mache innen Licht. Aber auch

am Tag ziehe ich die Vorhänge zu, damit ich die Hausmauer von gegenüber nicht sehe. Das Haus ist unbewohnt, auf der anderen Seite der Gasse. Die Fensterscheiben im Parterre sind grau von Staub, manche zersplittert, und immer ist die Mauer beschmiert. Große A, in Kreisen. »Schweine!«
Kein erfreulicher Ausblick, und so sehne ich mich nach dem Land. Dort habe ich meine Kindheit verbracht und meine Jugend. Die Großstadt hat den Vorteil, sagt man, daß es auf der Straße keine Bekannten und keinen Tratsch gibt. Aber das ist anders geworden, seit ich Mutter bin. Nachbarn kennen mich, Geschäftsfrauen plaudern mit Kundschaften, und ich höre, wenn ich warte, die intimen Geschichten gassenaufwärts und gassenhinunter. Wer sich erhängt hat (eine Fünfzigjährige, die von einem jungen Mann ausgebeutet wurde), wer seine Frau dauernd betrügt (der Herr Fr . . , so ähnlich, komischer Name), wessen Frau dauernd abtreibt und wer es zufällig erfahren hat (der Mann selbst, in seinem Geschäft, es kaufte der abtreibende Arzt einmal einen Anzug bei ihm, und ganz nebenbei erzählte er, daß er eine Patientin hat, die ihrem Mann nie erzählt, daß sie

schwanger ist, und der Geschäftsmann, der sich nach einem Kind sehnt, erfuhr es so), und ich weiß die Geschichten vom Dentisten, der in Geldnot ist, der Gott ein paar Schillinge in der Kirche opfert, »und wenn du mir nicht hilfst, dann begehe ich eine böse Tat!« droht er Gott, und das alles geht durch den Mund der Verkäuferin, und ich lebe in unserer Gasse in der großen Stadt wie in einem Dorf.
Seit Hermann nicht mehr da ist, berühren mich die Geschichten so sehr, als hätte ich sie alle selbst erlebt. Ich bin hungrig nach Leben, weil ich selbst keines mehr habe.
Ich höre Hermann im Geist sagen: Du mußt ja nicht hinhören. Auf fast alles, was ich denke, höre ich Hermann. Er ist nicht hier, wenn ich mit Monika spiele. Ich muß mich zwingen, nicht im Geist mit ihm zu reden. »Schau, schau, Hermann, wie lieb sie ist.«

Mit der Monika kann ich nicht so schnell leben wie die anderen, nicht so schnell gehen, nicht laufen, Ohren verschließen, wegrennen, wenn es mir irgendwo nicht gefällt. Mit Monika ist alles langsam. Ich muß meine Schritte den ihren anpassen. Ich habe sehr

lange Beine, im Vergleich zu ihr, und muß so tun, als könnte auch ich nur trippeln. Ich möchte nicht so eine Frau sein, die ihr Kind dauernd zerrt.
So stehe ich im Geschäft und warte, bis ich drankomme. Weil immer wieder jemand etwas zu mir sagt, wegen Monika, weil die Leute auch zu Monika immer etwas sagen, freundlich oder nicht freundlich, muß ich aufpassen. Meine Ohren sind immer gespitzt, mein Denken immer bereit, alles mitzudenken. Das, was die andern reden, und das, was Monika dann tut, verstehen zu wollen. So fließen in meine Ohren auch alle die Bemerkungen hinein, die ich früher überhörte, einfach weil mein früheres Leben es mir erlaubt hat, bei täglichen Einkäufen geistig abwesend zu sein. So wie Hermann lebt und immer lebte, seit ich ihn kannte.

Meistens flüchte ich in den »Supermarkt«. Dort nimmt man sich, was man braucht, selbst vom Regal. Es gibt keine Geschichten, keine großen Begrüßungen, und trotzdem: Auch dort haben die Verkäufer und die Kassiererin Lust, sich ein wenig über anderes zu unterhalten. Sie müssen ja so vieles schichten und sortieren, auspacken und einräumen, wovon sie wissen, daß es Mist ist. Kleine Plaudereien lenken ab, und vor allem will Monika mit jedem Menschen, der uns dort begegnet, meistens an der Kasse, ein kleines Gespräch beginnen. Nicht mit Worten, aber mit Blicken. Sie lächelt so viel, und oft schenken fremde Menschen ihr etwas zum Naschen.

Mir tut es weh. Ich habe mich gefragt, ob es Eifersucht ist. Aber dann habe ich mir eingestanden, daß ich es brauchen würde, daß auch mich einmal jemand fragt: Wie geht es dir denn? Und daß mir vielleicht einmal jemand etwas schenkt. Oder mir übers Haar fährt. Und dann fällt mir Hermann ein.

Wenn ich mir meine erste Begegnung mit Hermann wieder vor Augen führe, dann muß ich bekennen, daß ich sofort wußte: Er ist ein Taugenichts. Aber so deutlich wollte ich es nicht sehen. Er hatte schöne Hosen an, irgendwie anheimelnd, der Stoff, ich schaute immer hin, auch, wahrscheinlich, weil ich versuchte, mir die Beine vorzustellen, die darunter waren, seine Haut, und Hermann machte mir später den Vorwurf: »Du bist auf

mich geflogen, so wie sonst nur ein Mann auf eine Frau.«
Ich gab zu, daß mich sein Äußeres weit mehr interessiert hat als sein Innenleben, das ich mir vom ersten Moment an ungeordnet und verantwortungslos vorstellte, weshalb ich mir auch erlaubt hatte, ihn zu einer Tasse Tee einzuladen im Lehrerzimmer, nachdem er so forsch aufgetreten war gegenüber den Schülern. Den hübschen Herrn aus der Nähe anschauen, dachte ich, wie er sich benimmt, wenn er mit mir unter vier Augen ist.
Johann sagt: »Das geht nie gut, wenn eine Frau sich in einen Mann verliebt. Immer, wenn eine Frau die Initiative ergriffen hat, kommt es nachher zu einer Tragödie. Entweder für ihn oder für sie.«
Hermanns Blick war nicht mehr so sicher, als ich ihm Zucker und Gebäck hinschob, für den Fall, daß er sich stärken wollte. Aber er redete wild drauflos, über seine Absicht, Schüler zu interviewen und Lehrerinnen zu testen, und er sagte: »Ich würde gerne wiederkommen, wenn Sie nichts dagegen haben, einen pädagogisch Ungläubigen zu empfangen.«
Ich fragte: »Wie meinen Sie das?«

»Na ja, daß alles Vererbung ist, glaube ich. Sie können machen mit einem Kind, was Sie wollen. Deshalb halte ich den Beruf des Lehrers für ziemlich nutzlos. Lesen und Schreiben lernen Kinder zu Hause auch. Pädagogische Maßnahmen sind löbliche Absicht, aber das Innerste eines Menschen ist durch nichts zu verändern. Ich bin ganz fest davon überzeugt, daß erworbene Eigenschaften sich vererben. Es gibt da die gewisse Geschichte, die Sie vielleicht kennen, von dem Mann, der Kröten testete, der sich dann erschoß, weil sein Diener ein Experiment gefälscht hatte, ihm zuliebe. Aber die Wissenschaftler hielten ihn selbst für den Fälscher. Solche Schicksale sind tragisch!« rief er, im Lehrerzimmer, und mir tat es gut, endlich einmal mit einem erwachsenen Menschen zu sprechen, und nicht über den Lehrplan.

»Es ist furchtbar tragisch!« rief er, und ich glaubte eine gewisse Tragik in ihm zu ahnen. Dann verabredeten wir uns für einen Spaziergang im Park. Er sagte, er würde mir Baumformationen zeigen, die er einer Lehrerin zwar nicht erklären müsse, jedoch würde es ihm Spaß machen, mich in die Welt seiner Lieblingsgestalten, nämlich der Bäume, einzuführen. Als die Stunde kam, rief er an und sagte, es wäre besser, wenn wir uns erst am Abend träfen, er müsse sonst auf den nächsten Tag verschieben, und so gingen wir, es hatte geregnet, unter den Baumkronen. Er zeigte auf zwei Bäume, die dicht nebeneinander standen, so daß das Licht der Straßenlaterne in die Tropfen fiel, die an den nackten Ästen und Zweigen im ersten Frühling hingen, und durch das Licht wurde ein Kreis sichtbar, so als würden zwei Baumkronen miteinander Kreise bilden.

Hermann sagte: »Das ist das Schicksal des Menschen, daß er, je älter er wird, eigentlich nur noch auf Zeichen hofft«, und er küßte mich auf die Stirn. »Eine Lehrerin darf man gewiß nicht wirklich umarmen?« fragte er, und ich gab ihm die Erlaubnis.

Wäre er damals nicht vor mir gekniet, hätte ich vielleicht gesagt: Nein. Ich wußte, daß alles Spiel war, aber mich berührte, wie sehr er sich anstrengte, mir etwas vorzuspielen.

Seine Hose, dieselbe, die ich genauer angeschaut hatte als ihn, trug ich später in die Wäscherei, denn sie waren voll Erde und Öl. Jemand mußte im Park sein Auto gereinigt haben, oder ein Motorrad.

Ich merkte erst, als ich die Hose abholte, wie verliebt ich war. Johann sagt: »Du hast halt Torschlußpanik gehabt.«

Ich sehne mich nach einem Ort, an dem ich dem Kind nichts verbieten muß, an dem es keine Eile gibt. Zündhölzer einzeln aus der Schachtel zu holen, dann die Schachtel zu zerbeißen, ja, das ist ein Verbrechen, daß die Mutter das mit ansieht, aber das Kind spuckt die Papierstücke so entschieden aus. Es weiß immer, was es will. Mit dem Badewannenstöpsel spielen, und mit der Tür zum Eiskasten, das Kochgeschirr herausräumen, und gehen, gehen. Dann stopft es die Mutter, diese Verständnislose, in den Wagen.
Und der Schaumkrapfen. Mit Schokolade überzogen. Bald ist der Mund voll Schaum. Die Händchen kleben. Das alles ist ganz wunderbar, wenn man dabei durch einen Park geschoben wird, auf einem Weg voller Bäume und Tauben. Bis eine kalte Stimme uns entgegenschrillt: »Na, du hast di aber dreckig g'macht! Des muaß die Mama jetzt alles in die Waschmaschin' steckn!«
Ottakringerstraße, Schönbrunnerstraße, wir

machen Sightseeing in Wien, in Bezirken, in denen wir keine kinderlosen Bekannten treffen oder solche, deren Kinder schon Riesen sind.
Sie versteckt sich. Sie findet es lächerlich, in ihrem Alter, daß sie nicht früher begonnen hat mit dem Muttersein. Sie schämt sich, nicht für dich, sondern für sich allein. Ihr entgeht nicht, daß die Nachbarn, die früher diese Frau argwöhnisch beobachteten (»Sie läuft! Man weiß nie, wohin! Sie wohnt nur da, aber leben tut sie anscheinend in ganz Wien!«), schadenfroh fragen: »Na, wie geht's? Ist viel Arbeit, net? Na ja, meine sind schon groß . . .«
Aber die fremden Leute in den anderen Bezirken helfen uns in die Straßenbahn. Sie sehen, daß du irgendwie schon ein richtiges Kind bist, mit Augen, die alles sehen.
Und im Märzpark schiebst du sowieso deinen Wagen selbst. Du mußt ihn herumführen, Kurven machen, es kennenlernen, dieses Gestell auf Rädern, an dem du dich festhältst und zu mir herschaust, ob ich sehe, wie du schon allein . . . allein . . .

Ich erlaube, daß sie sich schmutzig macht, daß sie in den Mund steckt, was auf dem Boden liegt. Sie merkt ja, was eßbar ist und was nicht. Auch steckt sie schon seit einiger Zeit vieles nicht mehr in den Mund, sondern schaut es an, befühlt es. Ich bade sie wenig, seit sie nicht mehr baden will, wasche ihre Haare selten, lasse sie in Ruhe. Aber ich singe ihr auch nicht jeden Abend ein Schlaflied vor. Sie soll lernen, daß auch eine Mutter nicht immer alles will. Ich erkläre ihr dann: Heute bin ich müde, heute muß ich schlafen. Sie weint nicht herzzerreißend, sondern plappert dann dahin. Sie weint auch nicht, wenn ich aus der Wohnung gehe, den Abfall hinauszutragen. Sie jammert nur ein bißchen, wartet hinter der Tür, wenn ich sie nicht mitnehme.

In der Trafik gestern ließ sie sich von der Verkäuferin auf dem Arm halten. Die Frau bediente ihre Kunden, mit Moni, und sie tat alles, was sie zu tun hatte, mit der rechten Hand, sagte »wir« und meinte Moni und sich, »das machen wir schon, gell?« Moni gefiel es. Sie schaute ernst und aufmerksam. Johann, der es miterlebte, sagte: »Sie hat so ein Vertrauen! Das ist unglaublich.«

Monika wollte der Frau vom Jugendamt ihre Buntstifte zeigen und legte sie ein wenig in den Mund dabei. Die Frau schlug sie ihr aus der Hand. Sie weinte. Die Frau vom Jugendamt nahm Monika sofort in den Arm und rief, ins Leere deutend: »Schau, was dort ist!« Es war aber nichts dort. Monika weinte sehr.

War heute in einem Kindermöbelgeschäft. Das Innere mit seiner höchst komfortablen Einrichtung ist mir vorgekommen wie ein Wohltätigkeitsinstitut. Aber alles ist sehr teuer. Die für Kinder gebauten Betten mit Leitern, weich getischlert, poliert, runde Kanten, alles aus bienenwachspoliertem, rundgeschliffenem Holz.
Ich wunderte mich, daß nicht Honig aus den Turngeräten und Kleiderschränken für Kinder heraustropfte.
»Sie braucht ...«, sagte der Besitzer. »Und dann braucht sie ... Und dann braucht sie dringend ... Das hat sie noch nicht? Ach so? Ja, das braucht sie aber!«
Er stand mahnend vor mir. »Ich hab selber Kinder!«
Weißt du, es geht der große Nepp um, habe

ich Monika auf dem Heimweg zugemurmelt. Wenn eine Schnur, mit der du Bausteine auffädeln kannst, so teuer ist, dann kaufe ich sie zwar, aber sonst kann ich dir nichts kaufen, und das ist der große Nepp, der umgeht, Herz, von dem werde ich dir später noch erzählen. Ich werde einmal ein Märchen erfinden, für uns, wenn du reden kannst, vom großen Nepp.
Und trotzdem. Das Geschäft war eine Oase im Großstadtverkehr. Eine Insel des Friedens.

Im Supermarkt bin ich seit neuestem ständig versucht, etwas zu stehlen. So als hätte ich ein Recht, mir gewisse Sachen einfach zu nehmen. Weil sie dastehen. Weil »jede Frau sie braucht«. So kann ich mich in Ladendiebe einfühlen. Es steht so vieles da, es ist bunt, es ist griffbereit.
Ich habe Verlangen nach etwas, was mir zusteht, und ich bekomme es nicht und weiß auch, weil ich es vielleicht nie bekommen habe, nicht, was es ist. Und dann sehe ich die Sachen, die ich gerne hätte, und sie stehen da, zehnfach, hundertfach. Warum nicht al-

les einstecken und stehlen, davonschleichen mit innerer Heiterkeit: Endlich bin ich egoistisch gewesen.

»Kinder sind lieb, gell!« sagt die kleine, magere alte Frau mit Hut und Brille, Stock und dicken, schweren Schuhen. »Ich sag Ihnen, kriegen S' ein zweites! Es geht so schnell! Sie drehn Ihna um, und des Kind is fort! Weh genug tut es!« Sie hebt drohend ein wenig den Stock. »Kriegen S'ein zweites! Die Zeit ist rasch! Sie werden sehn, wenn das eine Kind fort ist, bleibt Ihnen ein kleineres! Das bleibt Ihnen länger treu!«
Wir kommen zu einer Ampel und müssen stehenbleiben.
»Mei Tochter ist fünfzig. I bin achtzig. Schneiderin war ich. Na, hab ich jedem noch etwas dazugerechnet. Betakeln muß man, wenn man eine Familie durchbringen will!«
Wir gehen über die Straße zum Park.
»Meine Tochter ist fünfzig und will kein Kind, stellen Sie sich vor! Sie will keins!«
Nun haben wir uns miteinander auf eine stille Bank gesetzt. Die Frau stellt den Stock zwischen ihre Schuhe.

»So etwas Liebes, wie ein Kind ist! Und sie will keins! Verstehen Sie das?«
Ich möchte etwas fragen, aber sie fährt fort:
»Bleibn S' bei Ihrem Kind! Nützen Sie die Zeit! Die Zeit geht rasch! Bleiben S' beim Kind! Ich hab alles versäumt! Ich war ja den ganzen Tag im G'schäft, und meine Tochter will kein Kind, können S' das verstehen, so etwas Liebes!«
Ich begleite sie zurück, wir haben ja denselben Weg, auf dem wir einander kennengelernt haben, ich frage sie, ob sie einmal in der Woche vielleicht – nein, sie habe überhaupt keine Zeit, was ich denn glaube, sie sei achtzig.
»Da, in dem Gasthaus, da können Sie gut essen. Wenn Sie einmal hineingehen. Es ist Hausmannskost und nicht teuer«, sagt sie und deutet mit dem Stock auf ein Fenster über dem Gasthauseingang. »Da wohn ich, dort oben. Ich krieg mein Essen auf Rädern, ich muß jetzt da hinaufgehen, sehen Sie.«
Und vom Park aus hat sie mir noch gezeigt, alle die Fenster, im ersten Stock, den ganzen Stock bewohnt sie, in dem riesigen Haus, und ihre Tochter will keine Kinder, und sie ist in den vielen Zimmern allein, schon seit Jah-

ren, und vermieten will sie auch nicht, sie zahlt wenig Miete, es ist noch eine Wohnung von früher . . .

Siebensterngasse, Bellaria, das Parlament, Linien 46 und 49, Krähen im Park.
Abfallhaufen im ersten Bezirk, in einem Park.
Ein Herr, der sich seinen Schuh schnürt. Er stellt den Fuß auf eine Bank. Seine Begleiterin wartet. Dann geht sie ein Stück voraus. Aus dem Burggarten strömen Touristen.
Wörter, die Monika am häufigsten hört: Wart! Ja! Gleich! Sofort! Moment, nein, das geht nicht. Komm, bitte! Bitte, Monika! Die Strumpfhose! Die Windel! Die Schuhe! Der Fuß! Der Arm! Das Leiberl!
Sonntage in Wien. Die Straßen fast leer, das Pflaster grau, die Häuser hoch, immer so hoch die Häuser, und fern der Himmel. Nur überm Westbahnhof ist viel Platz für Wolken.
Im Westbahnhof gibt es eine Ecke, in der werden Zeitungen und Zeitschriften verkauft aus aller Welt. Dort fühle ich mich geborgen. Dort, wo etwas aus aller Welt ist.
Nur nicht immer nur in Wien.
Jahrelanges Fremdsein. Plakate in der Gasse,

deren Namen ich immer lese und immer wieder vergesse.

Monika steigt in die Regenpfützen. Ein sonniger Tag. Wir sind unterwegs. Monika trägt eine gelbe Mütze, freut sich über etwas, das sie bei der großen Baustelle für die U-Bahn gefunden hat.

An der Straßenbahnhaltestelle, genau dort, wo es für Mütter sehr wichtig ist, daß Kinder nicht weinen, weil weinende Kinder und deren Mütter in der Straßenbahn großer Feindseligkeit ausgesetzt sind, befindet sich ein Spielwarengeschäft.

Die Verkäuferin lächelt den Kindern, die durch die Glasscheiben schauen, zu. Auch dann noch, wenn die Mütter längst ihre Kinder gebeten haben, von der Auslage wegzugehen, weil jetzt die Straßenbahn da ist.

Eine Mutter gibt nach und betritt mit ihrem Kind das Geschäft. Die schönsten Sachen liegen und stehen verlockend herum. Allerdings, wenn kleine Kinder nach zu vielem greifen, ermahnt die Verkäuferin die Mutter.

Sie lächelt wieder den Kindern zu, deren Mütter vor dem Geschäft eine Zigarette rauchen, hoffend, daß die nächste Straßenbahn bald kommt. Dann müssen sie ihr Kind leider

von dem Paradies, das dieses soeben geschaut hat, weglocken. Aber wie?
Da steht ein eisernes Spielgerät, mitten auf dem Gehsteig. Jedes Kind möchte noch mindestens einmal drauf sitzen und schaukeln.
Die gut geschminkte und gut frisierte, vollschlanke Dame lächelt auch noch den weinenden, schreienden und strampelnden Sprößlingen zu. Denn sie ist kinderlieb.

Du bist wieder eine andere, lachst anders, wenn du aus dem Schlafzimmer zu mir kommst, lachst ein wenig gekünstelt und bemüht. Beinah höflich. So als hättest du eine wichtige Regel des gesellschaftlichen Lebens begriffen und einstudiert. Aber es ist, wie ich dann gemerkt habe, das Lachen der Kassiererin aus dem Supermarkt, das du nachahmst.
Du hüpfst im Bett herum, kletterst aufs Fenster, hältst dich an den Eisenstäben, lachst laut, weil ich plötzlich über etwas lachen muß, was ich gerade gedacht habe. Nämlich, wenn meine Tante kommt, werde ich zu ihr sagen: »Sie läßt sich nicht waschen, sie läßt sich nichts anziehen, sie ißt nichts, sie schläft

nicht, aber sonst ist sie überhaupt kein Problem.«
Und, ja, liebe Tante, sie gehorcht mir nicht, weil ich das gar nicht will, daß sie mir gehorcht.

»Ein Kind muß um sieben Uhr schlafen gehen und um sieben Uhr frühstücken«, sagt Johann. »Ich weiß, du bist modern! Und du bist Lehrerin! Pädagogin! Du weißt praktisch alles! Ich sage dir aber, daß du nur theoretisch etwas weißt. Ihr Lehrer habt vom Leben keine Ahnung! Du kennst keine körperliche Arbeit, du bist nie in einer Fabrik an einem Fließband gestanden! Du arbeitest zu Hause, gehst in die Schule, machst deine Unterrichtsvorbereitungen oder wie das heißt, du korrigierst Schulhefte, und Monika darf immer tun, was sie will. Sie liegt bei dir im Bett, und ich schlafe auf dem Sofa. Einverstanden! Aber sie soll um sieben Uhr ins Bett gehen und nicht um neun! Du bist eine furchtbar bequeme Dame! Was hast du deiner Tochter beigebracht, außer wie man einen Bleistift hält? Und Konversation! Ihr redet miteinander, gut! Ihr diskutiert, wie man das heute so schön nennt. Aber wann kochst du für sie? Und was soll ich essen? Ab wann gibt es hier eigentlich ein Erwachsenenprogramm? Alles dreht sich um das Kind! Du schadest ihr! Sie muß es lernen, sich anzupassen! Und zwar an uns!«

Er sagte dann noch, daß wir Lehrer alle spinnen, daß er mehr Lebenserfahrung hat, auch wenn er nach der Abendmatura Psychologie studiert hat, und er hat einen saublöden Job, er muß Farben für Tapeten auswählen, damit Angestellte lieber arbeiten, und er ist auf der Suche nach angstlösenden Farbtönen, seit Monaten, und das nimmt ihn sehr her, »warme Beigetöne für einen eiskalten Obermacher, aber sanftes Timbre für seine Kleidung, und bei Hosen muß ich immer an die Hosen vom Hermann denken, und dann kommt mir die Galle hoch, weil der Hermann zu genau den Typen gehört, die mit ihrer Kleidung von sich ablenken. Ich möchte dann wieder in die Schokoladenfabrik gehen, dort verdiene ich mir mein Brot ehrlicher.«

Monika fragte dazwischen, ob die Sonne Augen hat und ob sie die zumacht, wenn sie schlafengeht, und wo die Vögel schlafen und die Hunde, und ob ein Baum auch schläft.

Johann: »Es ist normal, wenn ein Kind am Abend gebadet wird, ob es will oder nicht, das ist eine Frage der Disziplin, und dann ist Ruhe! Es ist nicht so, daß ich Kinder nicht mag! Aber du und sie, ihr seid unerträglich! Immer gibst du ihr nach! Alles erklärst du ihr! Und mit einer Geduld, die schädlich ist! Nicht alle Menschen werden so viel Geduld mit ihr haben! Sie nervt mich!«
Große Debatte, ob es nicht besser ist, wenn ein Mensch immer Geduld hat, so daß dann die Ungeduld anderer nicht so weh tut.
Johann: »Abhärten! Du machst ihr ein Paradies. Du lebst mit ihr in einer Lüge.«

Im Supermarkt, beim Ausgang, habe ich eine interessante Begegnung gehabt. Junge Frau mit kurzgeschnittenem Haar, Augen voller Tränen, am Körper ein Baby, im Tuch, und sie sagt: »Mir ist, als wären die Nerven bloßgelegt.« Ihr Baby blickt satt um sich. »Mit meinem Mann kann ich nicht mehr schlafen. Wenn er nur den Fuß zu mir herüberstreckt im Bett, ekelt es mich. Aber jetzt gehe ich in eine Müttergruppe. Dort sprechen wir über alles. Jede sagt, was sie sich denkt. Sogar die

schrecklichsten Sachen. Dann wird sogar gelacht! Sind Sie auch in einer Müttergruppe?«
Ich verneinte. Ich kannte die Frau ja gar nicht, aber sie hatte anscheinend niemand, mit dem sie reden konnte. Dann kam eine andere Frau mit einem zweijährigen und einem dreijährigen Kind. Der Dreijährige wollte sein Dreirad nehmen, und Monika hatte gerade versucht, sich draufzusetzen. Der Dreijährige weinte. Monika stieg von seinem Dreirad nicht herunter.
»Ja, das ist eh dein Dreirad! Es gehört eh dir!« erklärte seine Mutter. »Auch wenn einmal ein anderes Kind darauf sitzen will! Geh, Lukas, laß sie bitte! Schau, sie ist so lieb! Es ist und bleibt dein Dreirad!«
Die junge Frau mit dem Baby, die wie ein junger Mann aussah, fragte: »In welchen Park gehen Sie denn immer?«
Eine Frau stopfte ihre Zwillinge in einen Zwillingswagen, setzte ihnen die Mützen auf, und es war, als wolle sie ihnen die Hauben über die Gesichter ziehen, wie um die beiden nie wieder anschauen zu müssen.
Ein allgemeiner Irrsinn scheint sich auszu-

breiten. Ich beneide die Frauen, die neben einem Hermann gehen oder wie der Mann heißen mag. Für mich sind sie alle Hermann, und wenn sie noch so einen friedlichen Anschein erwecken. Wenn ein Mann auf der Straße sympathisch wirkt, schaue ich sofort, ob die Frau neben ihm eine glückliche Ausstrahlung hat. Und die Männer, die mit ihren Kindern öffentlich Spaß machen, gefallen mir zuerst, und plötzlich werden sie mir verdächtig.

Monika schläft, nach einem langen Ballspiel mit der Orange. Es tut mir immer weh, wenn ich sie zum Fortgehen anziehen muß. Heute hat sie das Werfen ein bißchen gelernt. Aber oft hebt sie den Ball, die Orange, hoch, und sie fällt ihr auf den Kopf.

Arme Mütter und arme Väter, arme Kinder, in der Leistungsgesellschaft. Ich, ein Kind der Leistungsgesellschaft, hocke bei meinem Kind im Zimmer, tolle mit ihm herum und frage mich, ob ich so etwas überhaupt tun darf.

Monika jauchzt dem Verkäufer entgegen, macht ihn mit lautem gutturalem Rufen auf sich aufmerksam oder mich auf ihn, und sie will von ihm gesehen und begrüßt werden. Sie zeigt ihm, was sie in der Hand hat, wenn er sie anspricht. Meistens ein geöffnetes Yoghurt, aus dem sie trinkt. Manchmal eine Leberkäsesemmel oder ein Wurst-Appetitstangerl.

Ich räume nicht mehr auf. Monikas Plastiktelefon liegt beim Sofa. Später, wenn sie aufwacht, soll sie es genau dort finden, wo sie es hingelegt hat. Sie wird wissen: Hier habe ich gespielt.
Sofa, Spielzeug: alles zum Wiedererkennen, Wiederfinden, noch einmal sehen, auch wenn »Schlaf« dazwischen war. Sie weiß ja nicht, was das ist, fort sein, Schlaf, und doch nicht fort gewesen sein, wieder da, und wieder nicht, daß dann vollkommen unerklärlich die Spielsachen plötzlich verschwunden sind. Ein Einschnitt in ihrem Leben. In einer Kiste sind sie, warum, die waren doch eben noch hier, was ist denn geschehen, inzwischen? Schlaf ist, daß nachher alles anders ist. Vielleicht gehen deshalb so viele Kinder nicht gerne schlafen. Monika soll sich immer

auskennen. Ich räume nicht auf, und ich lasse einfach niemanden mehr herein, der das nicht versteht.

Mich macht es nervös, daß so vieles herumliegt. Aber eigentlich nur, weil ich mir vorstelle, wie nervös es andere machen würde. Die Spielsachen sind ihr Besitz. Und sie soll sich wohl fühlen. Warum das Zeug in eine Kiste stopfen, aus der sie sie dann mit Mühe herauszieht, in anderer Reihenfolge, Rangordnung, als sie selbst ihnen gegeben hat? Das Telefon muß beim Sofa liegen!

Wir gehen auf der Straße, Monika trägt ihren blauen wattierten Für-alles-Anzug und die rote Mütze. Vorsichtig schreitet sie eine Pfütze ab. Sie hat etwas gefunden und bringt es mir. Sie hat etwas gesehen und zeigt mit ausgestrecktem Zeigefinger hin, bleibt stehen, zeigt wieder, läuft in die Richtung, in der sie etwas sieht. Der Morgen ist weder trüb, noch klar, das Wetter kalt, ein Mann mit Spitzbart und Lodenmantel führt einen Dakkel spazieren. Der graue Himmel spiegelt sich, und die Spiegelbilder der Häuser ziehen dahin in der Pfütze am Straßenrand. Monika schiebt den Kinderwagen kreuz und quer auf dem Gehsteig, dann bleibt sie wieder stehen, zeigt auf etwas. In einer Pfütze spiegelt sich das starke Gelb des gegenüberliegenden Hauses. Sie steht und jauchzt Passanten an, wundert sich, wenn sie vorübergehen, ohne sie zu bemerken. Sie nimmt die Mütze ab und streift sie sich übers Genick. Sie trampelt und trippelt dahin, immer vom Gehsteig auf die Straße schauend, geht in einen Innenhof, betastet die Reifen eines Autos, steht vor lauter Lastwagen, hält inne, sehr beeindruckt. Dann geht sie langsam auf einen Lastwagen zu. Sie nickt und nickt und nickt.

Jetzt hat sie eine kleine Stiege entdeckt. Sie steigt hinauf und weiß nicht, wie sie wieder herunterkommt. Lange hält sie sich mit ausgestrecktem Arm an der Hauswand. Der Wind bläst ihr durch die Haare. Sie stößt Rufe aus. Irgend jemand sollte ihr vielleicht zu Hilfe kommen, aber sie hat eine Mutter, die will, daß sie sich selbst helfen lernt, und so legt sie sich auf den Bauch und rutscht bäuchlings herunter.

Kaffeehaus, ein stiller Morgen. Wenig Gäste im Lokal. Ein stiller Mann liest eine Zeitung. Alle Männer sind so still hier. Das ist auch ein Grund, ins Kaffeehaus zu gehen. Männer, die sonst irgendwo laut sind oder laute Geschäfte betreiben, sitzen hier ruhig bei einer Schale Kaffee. Man kann hier auch essen, um die Mittagszeit, da wird es voll, dann muß man Platz machen. Der Fahrradhändler, der Friseur, andere, die in der Straße oder in der Nähe ein Geschäft haben, kommen her und nehmen hier ihr Mittagessen ein. Auch solche, die verheiratet sind. Wenn die Frau berufstätig ist. Die Kellnerin serviert dann mit Schwung eines von den beiden angepriesenen billigen Menüs.

Monika zieht die Metallstücke beim Schirmständer neben der Tür heraus. Ein junger Mann mit Brille liest die auf einem Spanner befestigte Zeitung. »Kurier«, das Blatt, das alle verachten, das alle lesen, so wie die »Kronenzeitung«, die jeder verachtet, jeder liest. Der Zeitungskrieg in Wien hat einmal die Gemüter beschäftigt. Jetzt liest man eben beide, und »Presse« und »Volksstimme«, man kennt alle Meinungen, man hat alle Meinungen, man weiß bald nicht mehr den Un-

terschied zwischen dem, was man in den Zeitungen liest, und dem, was man selbst denkt.
Die Wände im Café sind mit Tapeten überdeckt. Girlanden hängen von Lampe zu Lampe. Ein Spiegel, in dem sich alles noch einmal spiegelt. Die Tische sind weiß gedeckt, die Stühle dunkelbraun. Über den Tischtüchern Glasscheiben, mit Tischtuchhaltern. Eine Flasche Tonic bestelle ich und eine »Melange«, das ist ein kleiner, starker Kaffee, mit viel heißer Milch aufgegossen. Die Melange schäumt, Monika schlürft den Schaum vom Löffel. Sie stolpert herum, die Kellnerin sagt manchmal etwas zu ihr, freundlich warnend. Ein Briefträger bringt die Post, er geht in den hinteren Teil des Lokals und bleibt dort eine Weile. Männer lesen Zeitungen, einer löffelt bereits die Tagessuppe. Monika ist müde geworden, sitzt im Kinderwagen, hat einen Finger im Mund und schaut mich ruhig an, mit halb offenen, schläfrig werdenden Augen.
In der Theke stehen süße Kostbarkeiten, um die ich mich als kleines Kind gerissen, für die ich wahrscheinlich mein Leben gegeben hätte, weil ein Kind ohnehin nicht weiß, was

Leben, was Tod ist. Wir wissen es auch nicht, nur, wir reden viel drüber.
Ein Blumenstrauß hängt im Fenster, es sind getrocknete Blumen, Strohblumen, zu einem großen Kopf gebunden, zu einer Kugel, nein, ein gewöhnlicher, hängender Strauß. Leute gehen vorbei, führen Kinder, schieben Kinderwagen. Monika ist eingeschlafen. Sie saugt an ihrem Finger und hebt manchmal die andere Hand wie zur Beschwichtigung, im Traum. Ihre Haare stehen ab, ich habe sie mit Birkenwasser eingerieben, die ganze Kopfhaut, und nun hat sie eine Igelfrisur. Ein »Punk«. Ich möchte dem Kind ein bißchen Freiheit geben, von der es noch nichts weiß, aber vielleicht gibt es die Freiheit auch nicht, man weiß so wenig darüber, es wird viel davon geredet, nur, mein Kind, sie, das wunderbare Kind, spürt sie vielleicht.
Durchs Glas sieht man die Auslagen der *Firma Erwin Schremmer, Installationen,* und die Schrift auf dem Glas, verkehrt, »Hausgemachte Mehlspeisen«. Manchmal denke ich, alles sollte verkehrt geschrieben sein, so daß man mehr Mühe hat beim Lesen und die Worte wieder glaubt. Wir lesen zuviel, wir, die wir lesen, wir wissen zu vieles, wir, die

wir wissen, und wir können mit unserem Lesen und Wissen kaum etwas anfangen. Es ist noch keiner gescheiter geworden durch ein Buch, außer in der Jugend, wenn ein Buch wie ein Lichtstrahl war. Nicht Freude, die es brachte, nicht ein solches Licht, sondern ein Schriftsteller brachte Licht in das Dunkel, das daheim dunkelgehalten wurde, Mord, Krieg, Verrat, unsägliches Wissen von der Welt aus Büchern, unsägliches Leid, geschildert in Büchern, große Einsamkeiten wie die von Schriftstellern, Denkern, Musikern, alles aus Büchern, und die Einsamkeiten der Menschen neben einem interessierten den nicht, der las. Einsamkeiten in Büchern sind viel leichter zu ertragen, sind auch spannend und geschmackvoll zu lesen, g'schmackig, ja, ist so ein Schicksal, Einsamkeit in der Verbannung, ausgewandert in die Schweiz, *Robert Musil* und viele andere berühmte große österreichische Dichter und Denker, die sollten einmal mit einem Kinderwagen spazierenfahren, dann würden ihnen die Flausen vergehen.

Ich merke, ich werde so bürgerlich und spießig und kleingesäumt wie die Patin, ich merke, daß ich nicht kleinkariert bin, nur immer kleiner werde, ich bin zu meinem Kind geschrumpft, kann nur noch Autos hören, die Lärm machen, Gestank verbreiten, die Straßenbahn fürchten, die viel zu laut dahergeschlittert kommt, die Schienen hinunterrutscht, vom Gürtel zur Kaiserstraße, von der Kaiserstraße über die querliegende Schottenfeldgasse zur Station bei der Kirche an der Ecke Zieglergasse. Ich merke, ich denke, und nichts fällt mir ein, als daß ein Leben in der Großstadt für ein Kind wahnsinnig gefährlich ist, ein Wahnsinn, eine tägliche Bedrohung, Lebensgefahr, jeder Autofahrer, der an einer Kreuzung steht, kann, wenn er dumm ist, wenn er einen Fehler macht, mein Kind niederfahren. Warum tut er es nicht gleich jetzt, denke ich manchmal, und ich merke, wie ich zu einer Gefahr werde inmitten all der Gefahren.

Ich setze mich zum *Wirt am Eck* hinein, bitte um ein Glas Bier, und während der Seidel gebracht wird, freue ich mich drauf. Das Kind schläft noch immer, ich kann in Ruhe eine Zigarette rauchen und mein Bier trinken. Sein Enkel sei ein Tyrann, sagt der Wirt, lieb, aber ein Tyrann. Er sei mit ihm im Lainzer Tiergarten gewesen, dort gehe er mit ihm am Sonntag hin, aber der Bub, ein Tyrann. Er gehe schon in den Kindergarten, dorthin gebe ihn die Mutter, damit sie ein paar Stunden frei habe, und er erhebe nie die Stimme, aber der Bub müsse von ihm lernen, daß Disziplin alles sei. Disziplin, die Disziplin, verstehen Sie mich richtig, sagt der Wirt, die Disziplin ist alles! Wie soll er sich denn später bewähren, wenn er nicht schon jetzt ein wenig Disziplin lernt, Schritt für Schritt.

Ja, im Dschungel der Menschen, die Kasernen bauen, und sie nennen es zivilisiert, denke ich, während das Bier warm in meinen Kopf, in meine Schläfen steigt. Ein wenig Alkohol, das beruhigt. Man bleibt dann auf dem Boden, man kehrt auf den Boden zurück, auf die Erde, zum geölten Holzfußboden im Gasthaus, das ich nur deshalb mag, weil die Firmpatin ein solches Gasthaus gehabt hat, weil alles mich hier an daheim erinnert, der Wirt, mit seiner weißen Schürze, und wie er fleißig jeden Morgen seine schwarzen Tafeln hinaus auf die Straße stellt, sie an die Hausmauer lehnt, nachdem er sie beschrieben hat, »Schweineschnitzel mit Reis und Salat« und so weiter. »Gulyas« schreibt er, und die Preise. Alle Wirte wetteifern in letzter Zeit, wer die billigsten Menüs hat. An der Ecke Schottenfeldgasse/Westbahnstraße ihm gegenüber stehen zwei Tafeln mit Menüankündigungen, die weisen aufs Café-Restaurant »Jedermann« hin, das früher »Café Paul« geheißen hat, bei dem ein Schild mit »Goldfaßl«-Bier und »Ottakringer« hängt.

Daß ich nicht mit dir spielen will, es widerstrebt mir, ich höre mich mit künstlicher Stimme reden, ich glaube mir kein Wort, wenn ich »lieb« mit dir rede, wenn ich »kindlich« mit dir bin, ich lasse dich tun, was du tun willst, solange es nicht für dich gefährlich wird. Und ich lasse dich zerbrechen, was zerbricht, damit du siehst: Kaputt, das bricht, weißt du, da kannst du dir weh tun, schau, die Scherbe, die sticht.
Das Messer, das spitze, schau, das sticht, die Gabel, schau, die sticht, das tut weh, gib mir das Messer, gib mir die Gabel, und du erwischst ein Messer und bringst es, strahlend, und überreichst es mir, und ich frage mich: Wo war der Teufel, der dich unterwegs nicht stolpern ließ.
Immer wieder zeige ich dir, daß ich mich

anziehe, schau, die Strumpfhose, wie die Monika, die Mütze, die Hose, der Pullover, wie die Monika, schau, die Mama hat auch eine Windel, die Mama zieht sich jetzt an. Du schaust zu und läufst trotzdem davon, wenn ich dich anziehen will. Deine Lust am Gefangenwerden. Nach Lauftouren durch die Zimmer, ich lasse dich ein paarmal gewinnen, dann wunderst du dich schon selbst, daß du gewonnen hast, obwohl du an etwas nicht vorbei konntest, am Wäschekorb, der im Bad die Tür halb verstellt, du kommst nur langsam vorbei, die Mama hinter dir, du bist ganz aufgeregt, dann jauchzt du, läufst weiter, und dann, bei der Gefangennahme, lachst du sehr, und wenn es ernst wird mit der Strumpfhose, dann weinst du.
Die Patscherl, das Wagerl. Auf der Stiege draußen im Vorhaus lasse ich dich noch immer viel zu wenig austoben, nein, ausleben müßte es heißen, leben, einfach. Ich laß dich dort nicht leben, aus Angst vor den Nachbarn, ihren Bemerkungen, ihren Stimmen, ihren Schritten. Du kletterst gern über die Stufen hinauf, hinunter, willst mit dem Wagen draußen sein, zögerst vor der Stiege, die abwärts führt, hebst den Wagen auf die

Stiege, die hinaufgeht, aufwärts, hinauf, und in die Kälte des Stiegenhauses hinaus. Barfuß oft, auch wenn es kalt ist, Popo in der Luft, nur mit Leiberl, ich lasse dich ein paar Sekunden, sage »kalt, kalt, das ist sehr kalt« (und nicht: du verkühlst dich), damit du begreifst, daß es Kälte gibt, und das hat, wie ich hoffe, für dich nur den Effekt einer kalten Dusche.
Heute machte ich einen großen Fehler! Ich zog dir die Schuhe an, die blauen aus Strickjankerstoff, und du gingst folgerichtig ins Vorzimmer, weil es ja das Schuheanziehen nur für draußen gibt, ich tat, als sei das nicht meine Absicht gewesen, dich hinauszulassen, dabei hatte ich dir, als du barfuß hinauswolltest, gesagt: »Da muß man Schuhe anziehen.« (»Man«, wer ist »man«?) Du kamst dann zurück aus dem Vorzimmer, enttäuscht, enttäuscht von dir selbst, nämlich unsicher, so als ob du dich geirrt hättest.
Einen langen Satz sagte ich heute, aus dem du nur »Fernseher« verstandest, und du gingst hin und drehtest auf. Du weißt schon, daß ich auch manchmal darüber lache, wenn du mich nicht fernsehen läßt, und du probierst dann das Abdrehen während einer

Sendung mehrere Male, schaust mich an und lachst verschmitzt.

Bei mir lebt, schreit, trippelt, geht neben mir ein Kind. Von früh bis spät, von spät bis früh. Oft wart' ich, daß es Abend wird.
Sie ist die Aktualität in Person. Sie weiß, was sie will, und wenn ich das Telefon nicht abhebe, stößt sie einen besorgten Laut aus. Gestern telefonierte sie allein, leise redend. Ich ertappte sie, und sie blickte verschämt.

Es ist Samstag heute. Das kann doch nicht »das Leben« sein, Frau und Kind ganz allein. Der Stoffkasperl sitzt im Sessel, der Bärli schläft auf dem Fußboden, die Frau wacht, das Kind schläft. Teddy und Puppe liegen auf dem Sofa, die Autos schlafen, die kleinen, und große Autos mit Papas und Mamas und Kindern fahren jetzt ins Grüne, ins Blaue, und dort, bilde ich mir ein, ist »das Leben«.
Ich kann es nicht glauben, aber in der Zeitung, die ich gerade aufgeschlagen habe, steht: Der Prater lebt!
Wenn die Gasse vor dem Fenster nicht voll

Autos wäre. Gegen zwölf Uhr mittags fahren viele weg, aber dann parken andere, froh, für ein paar Stunden einen Platz zu finden.
Eigentlich wollte ich mit Moni spazierengehen, aber sie ist nach unserem Einkauf eingeschlafen. Ich habe sie vorsichtig aus dem Kinderwagen gehoben, damit sie nicht aufwacht. Jetzt liegt sie und schläft, und ich weiß nicht, wann sie erwachen wird, wieviel Zeit ich habe. Eine Stunde oder drei oder vier? Wenn sie lange schläft, wird sie abends lange wach bleiben. Manchmal schläft sie aber gerade dann, wenn sie einen ausgiebigen Tagesschlaf gehabt hat, abends früh ein und »durch«, bis zum Morgen. Oder sie wacht um vier Uhr auf und möchte, obwohl es stockdunkel ist, spielen.
Wenn die Gassen nicht voll mit Autos wären. Wenn es mehr Bäume gäbe. Wenn nur Bäume und Menschen die Straßen zierten. Warum eigentlich darf jeder Mensch, der ein Auto besitzt, es auf die Gasse stellen, wo doch jeder Quadratmeter Wohnfläche so viel Geld kostet. Warum muß nicht jeder, der ein Auto hat, für einen Quadratmeter Abstellfläche genausoviel bezahlen.

Und warum dürfen Autos dort stehen, wo Menschen jeder Größe und jeden Alters gehen. Kinder, kleine. Greise, zitternde. Wir sehen vor lauter Autos uns Menschen, einander, nicht. Das Gehen auf den Gehwegen und in den Gassen ist zum Kampf gegen die Autos geworden. Wieviel freier atmet ein Mensch, der nur unter Bäumen geht – wo habe *ich* das gelesen?
Monika sieht nicht von einem Trottoir, auf dem wir gehen, hinüber zum anderen. Sie läuft zwischen zwei stehenden Autos hinaus zu den fahrenden. Da muß ich flink sein. Spaziergang wird Schwerarbeit. Das Kind nicht zuviel halten und nicht zu fest, sonst fühlt es sich unfrei. Das Kind aber auch nicht frei laufen lassen, es wäre katastrophal. Am schrecklichsten ist mir nicht die Vorstellung einer toten Monika, sondern einer Monika, die an Schläuchen hängt in einer *Intensivstation,* nicht tot, nicht lebendig, ein Häufchen *Material* für Ärzte, mit Herzton, mit Bildschirmgraphik, mit Signalen, angeschlossen an Apparate.

Im Radio jeden Tag Debatten über »Lainz«. »Die Ärzte haben viel Arbeit«, sagte ein

Mann, der den Ärztestab verteidigte. »Die können nicht immer in den Krankenzimmern sein!«

Krankenschwestern haben also wenig Arbeit. Böse Frauen, die Patienten umgebracht haben. Ich erinnere mich aber daran, als ich einmal in einem Spital lag, zusammen mit zwei alten Frauen in einem Zimmer.

»Daß sie einem nichts geben ...!« jammerte die eine immer wieder, »daß man so alt werden muß ... daß sie einem nichts geben ... Daß sie einen nicht einfach einschlafen lassen ... mit einer Spritze ...«

So ging es dahin, die ganze Nacht, und die Schwester hob und wusch die Alten, und die Alten jammerten: »Geh, schauen Sie ... ich will doch eh nimmer ... zu was machen Sie denn das ... das will ich doch alles gar nicht mehr ... ich will doch nicht gesund werden ... ich brauch keine Gesundheit mehr ...«

Daß eine Schwester dann verrückt wird und es den Alten recht macht, die dauernd davon reden, daß sie sowieso nicht mehr leben wollen, schon lange nicht mehr, und nicht den scheinheiligen Verwandten, die einmal in der Woche zu Besuch kommen, eine Stunde lang, wundert mich nicht. Und daß so eine Verrückte dann noch verrückter wird dabei, nämlich, daß sie auch dann die umbringt, die nicht gesagt haben, daß sie sterben wollen, sondern einfach, weil sie gesehen hat, wie praktisch es ist, wenn man Leichen macht, Leichen, Leichen.

Ich weiß noch gut, wie mir das Gerede der beiden Alten damals auf die Nerven ging und ich zum Arzt, wenn er hereinkam, gern gesagt hätte: »Erfüllen Sie den beiden Frauen ihre Wünsche.« Aber die Alten fürchteten sich vor den Ärzten. Von einer Krankenschwester würden sie nicht ins *Irrenhaus* geschickt, aber ein Arzt war eine Respektsperson. Der diagnostizierte dann *Altersdepression*, und ab ins *Irrenhaus*.

Die Alten wußten das, und so belästigten sie nur die Schwestern. Wenn die Schwestern massierten, oft mehrere Male in der Nacht, bei der einen Alten, deren Beine sehr schmerzten, rief die Alte: »Zu was denn? Lassen Sie mich in Ruh! Ich brauch meine Füß nimmer!«

Dann wurde, mitten in der Nacht, der diensthabende Arzt gerufen. »Frau ..., das ist Ihr Körper! Nicht meiner! Also! Beine durch-

strecken! Sie wollen doch schließlich irgendwann wieder einmal gehen!«
»Ah was, Herr Oberarzt, i brauch nimmer gehn. Mei Tochter kommt eh zu mir, einmal in der Wochn, und bringt mir ein Kompott.«
»Massenmord«, »Mordschwestern«. Eine Pflegerin sagt: »Wir haben, weil wir soviel Arbeit gehabt haben, selbst schon Medikamente gebraucht und an *Depressionen* gelitten.«

Monika versteht »heiß« und »Vorsicht«. Sie trippelt herum in ihrem viel zu langen blauen Leiberl mit den weißen Socken. Sie ärgert sich vor sich hin und »redet« unentwegt. Wenn ich auf mich zeige, zeigt sie auf sich. Wenn ich mit dem Finger auf eine Münze klopfe und sage »Das ist Geld!«, klopft sie auch drauf.
Ein Wagen mit Lautsprecher fuhr durch unsere Gasse, zweimal. Es wurde zu einer Blutspende-Aktion des Roten Kreuzes aufgerufen. Der Wagen fuhr mit Musik ab, jedesmal, und Monika klatschte Applaus. Ich habe etwas erfunden. Wenn ich abends lesen möchte im Bett, lese ich ihr die Literatur, die

sie nicht versteht, in einem Märchenton vor, so langsam, als handele es sich um eine Geschichte für Kinder. Dabei schläft sie, den Kopf auf meiner Brust, ein.
Sie applaudiert noch immer nach »Guten Abend, gut Nacht«, lächelt aber und schmunzelt, strahlt, wartet das Ende ab, von dem sie jetzt schon weiß, daß es das Ende ist, ganz präzise, und applaudiert.

Hermann wollte vielleicht von Anfang an ein Doppelleben führen. Vielleicht hat es zwischen ihm und Regine eine Abmachung gegeben. Sie erwartet jetzt ein Kind, wie ich von Johann erfahren habe, der mich anrief. Ich habe Hermann, als er gestern kam, um in seinen Versicherungspapieren, das Auto betreffend, etwas nachzuschauen, zur Rede gestellt.
»Ja! Gut! Sie kriegt eins! Na und?«
»Warum hast du das gemacht?«
»Um ihr einen Gefallen zu tun.«
Ich wußte nicht, was ich darauf antworten sollte, da redete er schon weiter. »Sie wird mit dem Kind übrigens besser zurechtkommen als du, sie ist eine emanzipierte Frau. Es

wird sicher einmal ein Ende haben zwischen ihr und mir. Aber ich muß es ausleben. Nachher hast du mich eh wieder. Du mußt nur lernen, daß kein Mensch einem anderen gehört.«

Vielleicht ist es meiner Mutter mit mir so gegangen. Ich möchte oft nicht mehr leben. Dieses Kind spricht in alle meine Gedanken hinein, zerreißt mit einer Frage ein Netz, das ich gerade geknüpft habe. Zusammenhängend denken: Seit es Monika gibt, für mich unmöglich. Dieses Kind zerstört so vieles in mir. Kein Faden jetzt, den nicht das Kind zerreißt. Oft möchte ich rückgängig machen, daß ich Hermann jemals liebte und mit ihm schlief. Die Schwangerschaft und die Geburt, die ersten Monate mit Monika: das alles möchte ich auslöschen! Käme doch ein Zauberer, der sagt: »Simsalabim!«
Morden möchte ich! Denn Mord ist Monika. Sie ermordet mich jeden Tag! Sie frißt all meine Kraft! Mord einer Frau an ihrem Kind: Notwehr? Sie schlägt ihm eines Tages den immer sprechenden Kopf ab!
Gewisse Formulierungen fallen mir nachts

ein, nachdem ich die »Richtlinien der Erziehungsfürsorge« gelesen habe. Das Recht auf den persönlichen Verkehr. Elternrecht.

Besuchsrecht nicht materieller Umstände wegen, sondern zum Zwecke der möglichst ungestörten geistigseelischen Entwicklung.

... scheint es zum Aufbau des Kontaktes zwischen Vater und Tochter ratsam und förderlich, wenn die Mutter an den ersten Besuchstagen beigezogen wird. Bei einem 5½ Jahre alten Kind ist die Besuchszeit mit 18 Uhr zu beenden, weil ein Ende der Besuchszeit um 19 Uhr zu Schwierigkeiten beim rechtzeitigen Schlafengehen des Kindes führt.

Für die Sommerferienkontaktpflege ist ein Besuchsrecht von 3 Wochen ausreichend.

Daß der Vater unbekannten Aufenthaltes ist, rechtfertigt nicht einen Entzug seines Besuchsrechtes.

Sachverständige sind Personen, durch die der Richter kraft ihrer besonderen Sachkunde Kenntnis von Erfahrungssätzen erhalten soll, oder die zufolge ihrer Fachkenntnis streiterhebliche Tatsachen zu ermitteln haben. Sie arbeiten insofern als Gehilfen des Richters. Inwieweit ein Sachverständiger in

einer Besuchsrechtsfrage beizuziehen ist, wird im Ermessen des Richters liegen.
Es ist davon auszugehen, daß das Recht jedes Elternteiles, mit dem Kind persönlich zu verkehren, ein Grundrecht der Eltern-Kind-Beziehung, ein allgemein anzuerkennendes Menschenrecht ist. Der Zweck des Besuchsrechts ist es, einen auf der Blutsverwandtschaft beruhenden Zusammenhang zwischen dem nicht erziehungsberechtigten Elternteil und dem Kind aufrechtzuerhalten, eine gegenseitige Entfremdung zu verhindern und diesem Elternteil die Möglichkeit zu geben, die Erziehung, die geistige und körperliche Entwicklung, die späteren Berufsmöglichkeiten und den Gesundheitszustand des Kindes zu überblicken.
Das Besuchsrecht wird dem Elternteil, dem die Pflege und Erziehung des Kindes nicht zusteht, nicht nur um seiner selbst willen eingeräumt, es ist vielmehr vorwiegend in dem Bedürfnis jedes Kindes begründet, mit beiden Eltern persönlich zu verkehren. Um den Zweck des Besuchsrechtes zu erreichen, ist eine gewisse Intensität des Verkehrs des Besuchsberechtigten mit dem Kind erforderlich.

Der Erziehungsberechtigte ist verpflichtet, positiv auf die Durchsetzung des Besuchsrechtes des Besuchsberechtigten gegenüber dem Kind einzuwirken, und zwar selbst dann, wenn das unmündige Kind sich gegen dieses Besuchsrecht sträubt. Eine negative Einflußnahme der Betreuungsperson, die schließlich das Besuchsrecht unterbindet, könnte auch mit Ordnungsstrafen geahndet werden. Schon ein passives Verhalten des Erziehungsberechtigten rechtfertigt allenfalls die Verhängung einer Beugestrafe.
In besonders gelagerten Einzelfällen, so bei einem langjährigen Kontaktausfall, konstanter Ablehnung des Besuchsberechtigten durch das Kind, besonders sensiblen Kindern, nervlich oder charakterlich belasteten Besuchsberechtigten und anderem, kann allerdings eine vorerst vorsichtige, zeitlich begrenzte Kontaktaufnahme, auch unter Beiziehung einer Mittelsperson oder in der dem Kleinkind gewohnten Umgebung, im Interesse des Kindes und zur Vermeidung von psychischen Belastungen oder Schockwirkungen, angezeigt sein.

Johann sagt, das Besuchsrecht sei umstritten, es gäbe Frauen, die in andere Städte gezogen seien, und den Begriff Menschenrecht müßte man von dort ableiten, inwiefern ein Mann sich zu einer Frau wie ein Mensch benehme.
Er hat angeboten, Monika zu Hermann zu bringen, wenn es soweit ist, und sie von dort wieder abzuholen, denn ich habe ihm gesagt, daß ich Hermann nicht mehr sehen will, und auch nicht über ihn reden, und Johann sagte: »Das wird schwierig werden, wenn sie zu sprechen anfängt, denn sicher wird sie über den Hermann reden wollen, wenn sie ihn regelmäßig sieht.«
Ich habe Johann gefragt, wie er sich vorstellt, daß ich dann Monika erklären werde, warum ich ihren Vater nicht treffen möchte.
»Na ja, freundlich«, hat er gesagt, »immer freundlich die Illusion von einem Vater nähren, bis du ihr dann, wenn sie groß ist, die Wahrheit vorsichtig erzählst. Nur wird sie dir dann nichts glauben, denn ihr Papa ist doch wunderbar, hat immer Zeit für sie, wenn sie zu ihm kommt.«
Habe Johann heute alles von meinem Vater und meiner Mutter erzählt.
(Na ja, alles nicht.)

Hermann hat an die Richterin geschrieben, es sei absurd zu behaupten, er habe mich bei der Versorgung meiner kleinen Tochter in meiner Leistungsfähigkeit beeinträchtigt. Sehr viel mehr habe er von Anfang an ein enormes Maß an Verunsicherung an mir wahrgenommen, und so habe er es vorgezogen, mich zeitweise mit dem Kind alleinzulassen, damit ich mich ohne seine ständige und kritische Aufmerksamkeit an das Kind gewöhnte.

Traum von einem Kino. Hermann spricht von der Leinwand, und dabei meint er immer mich, sagt aber dauernd die Namen von anderen Frauen, die um mich sitzen, und ich blicke zu ihm auf. Johann ist neben mir, aber auch er interessiert sich nur für die anderen Frauen, und bei jedem Namen, den Hermann nennt, ruft er: »Ich auch! Genau wie du!«, und dann reicht Hermann mir seine Hand, von der Kino-Bühne herunter, auf der er steht, und er meint, daß ich zu ihm hinaufsteigen soll, denn nun würde er (so verstand ich es im Traum) allen anwesenden Frauen zeigen, welche er in Wirklichkeit meine und welche er liebe, aber da fährt Johanns Hand an meinen Hals, und ich spüre zugleich ein schreckliches Insekt, das furchtbaren Lärm macht, und von dem Insekt wache ich auf, gepeinigt, als hätte es mich tatsächlich gebissen.

Monika wollte mir am Morgen Schokolade geben, steckte mir, wie immer, wenn sie früher aufwacht als ich, ein Stück in den Mund. Ich drehte mich weg, da kam sie mit einer Kaffeeschale. Sie legte mir das kalte Porzellan aufs Gesicht.

Ich schämte mich, ihr in die Augen zu sehen. So viel Abneigung gegen ein Kind, wegen eines Mannes.

»Sie sind viel zu weich!« stellt die Beamtin von der Fürsorge fest. »Ihnen geht alles viel zu nah!«

Man müßte sich selbst ändern, die Seele ein wenig dem Gesetz anpassen. »Sie brauchen ja mit ihm nichts zu reden, wenn er kommt! Sie reden einfach nix! Sie lassen ihm das Kind, und mit dem Kind soll er machen, was er will. Sie sind eh dabei. Sie schauen zu, daß nix passiert. Ich sag Ihnen, es wird eh nix passieren. Er wird auch gar nicht immer kommen! Er besteht nur auf dem Besuchsrecht, einfach so. Weil es sein Recht ist. Aber ihm gehts nur darum, daß er sein Recht durchgesetzt bekommt. Sie werden sehen, nachher, dann kommt er nicht! Dann verliert er das Interesse. Aber, schauen Sie, es ist besser, wenn ein Kind den Vater sieht, weil, wenn es ihn nie sieht, dann baut es sich ein Bild von ihm auf –«

»Das baut sie sich so auch! Ein lieber Papa, der immer lustig und freundlich ist, eben weil er nur vier Stunden in der Woche oder im Monat –«

»Ja, aber Kinder durchschauen das sofort.«

»Und ist meinem Kind damit gedient?«

»Schauen Sie, das Gesetz schreibt es vor. Und ich hab eine Bekannte, also, die Tochter von der, die hat erst mit fünfzehn ihren Vater kennengelernt. Na, des war was! Zuerst ist sie gleich zu ihm gezogen, und nach einer Woche war sie wieder daheim, tief enttäuscht! Glauben Sie mir, es ist besser, wenn sie ihren Vater oft sieht. Und Sie lassen den Mann nicht an sich heran. Sie ignorieren ihn! Er kommt ja net wegen Ihnen, und er kommt ja, genaugenommen, net zu Ihnen! Sondern er kommt zum Kind. Sie ziehn das Kind an und geben es ihm mit? Net? Nachher bringt er's wieder z'ruck!«

»Das will ich auch nicht.«

»Aber ganz unterbinden können S' den Kontakt net.«

»Wieso nicht?«

»Weil das Gesetz –«

»Weder will ich, daß er stundenlang mit meiner Tochter –«

»Schaun Sie, des zählt net, was Sie wollen. Er will ja auch was!«

»– noch will ich, daß er hier in meiner Wohnung ist.«

»Dann müssen Sie halt eine Bekannte bitten, daß er das Kind bei ihr sehen kann. Nur, i sag Ihnen, des geht net guat.«

»Wenn er zu mir in die Wohnung gekommen ist, ist er jedesmal ein paar Stunden länger geblieben als vereinbart. Und dann, wenn mein Kind weiterspielen wollte mit ihm, war er auf einmal verschwunden. Das Gesicht meines Kindes hätten Sie da sehen sollen! Diese Enttäuschung! Dieser Schmerz! Es hat nicht begriffen, daß so ein lieber Papa auf einmal verschwindet!«

»Na ja, Sie müssen die Besuche begrenzen. Und er muß sie einhalten. Wenn er, sagen wir, um eins kommt, muß er um fünf gehen. Sie schauen auf die Uhr und sagen ihm: Du, es wird Zeit. Da müssen Sie einfach hart sein! Sie müssen sich wehren gegen ihn! Wenn Sie es jetzt nicht lernen, bleibt Ihnen das immer, daß Sie sich vor ihm fürchten!«

»Ich fürchte mich nicht vor ihm! Aber ich fürchte mein Gefühl des Abscheus. Das ist etwas Unnatürliches, einen Menschen, mit dem man aus ganz bestimmten Gründen nichts mehr zu tun haben will, ausgerechnet mit einem Kind, das man gut behüten möchte, zusammenzubringen.«

»Ja, aber Sie reden doch jetzt nicht von einem Fremden! Sondern vom Vater von dem Kind!«

Und so weiter.

Also, stellt sie dann fest, sie dürfe mitteilen, daß ich zu einer geregelten Besuchszeit bereit sei und diese auch einhalten würde.

»Sind Sie einverstanden? Nur das Minimum! Einmal im Monat, vier Stunden!«

»Nein, ich bin nicht einverstanden.«

»Jetzt sagen Sie schon, daß Sie einverstanden sind. Ich teile das dann dem Gericht mit, und dann wird sich schon alles weitere ergeben.«

»Gut, wenn Sie das dem Gericht mitteilen und wenn ich dazu ja sage, dann ist es meinerseits eine Lüge.«

Sie macht ein Gesicht wie: Na ja, Lüge hin, Lüge her, es haben schon mehr Menschen öfter einmal auf der Welt gelogen.

Brief von Hermann.

»Ich war gestern, Samstag, um 13 Uhr da, und Du hast mir nicht aufgemacht. Obwohl es der festgesetzte Besuchstag war. Mir bleibt also nichts übrig, als mich wieder an das Gericht zu wenden.«

Der Gerichtspsychologe hat ungefähr eine Viertelstunde mit mir geredet. Vielleicht sogar eine halbe. Möglicherweise ist es eine ganze Stunde gewesen. Aber er hat immer wieder abgewehrt und mir nicht zuhören wollen, und er sagte sehr oft: »Ja, das sind Ihre Probleme!«

Er erklärte mir, daß es nicht darum gehe, mir das Erziehungsrecht zu entziehen, sondern ausschließlich um die Ermöglichung eines Kontakts zwischen Vater und Tochter. Das wiederholte er dann einige Male, und daß ich nicht bei ihm säße, weil man mir das Erziehungsrecht, das Sorgerecht nehmen wolle.
»Es geht nicht um Sie!« sagte er. »Es geht ausschließlich um das Wohl Ihrer Tochter. Ihr Mann schreibt, daß Sie die Tochter als Partnerersatz benützen wollen, und er befürchtet, daß Sie Ihrem Kind damit schaden werden. Er liebt sein Kind, davon bin ich überzeugt, und es wäre eine reife Leistung, wenn Ihnen dieser Mann gleichgültig werden könnte. Wenn Sie sozusagen in ihm nicht den Mann sehen würden, sondern ausschließlich den Vater Ihrer Tochter. Und wenn er kommt, dann besucht er ja nicht Sie, sondern das Kind. Und er kann Ihnen dabei vollkommen gleichgültig sein.«
Monika kam immer wieder mit einem Baustein, den sie in der Kiste des Psychologen gefunden hatte.

Eine gute Mutter ist nicht, die für ihr Kind kocht, denke ich, während ich das Püree einrühre und den Fisch, den Monika so gern mag, mit Orangensaft beträufle, frisch ausgepreßt, Butter und ein bißchen Salz, so mag sie den Fisch, und ein Püree. »Wann machst du denn wieder ein Püree«, hat sie gefragt, und ich rühre einen Dotter hinein, da läutet es.
Eine gute Mutter ist nicht, die für ihr Kind kocht, denke ich gerade, wische mir die Hände ab, eine Mutter ist gut, wenn sie ihr Kind nicht mit Worten verletzt, ihm zuhört, es ernst nimmt. Nicht kichert über das Kind oder laut lacht über Dinge, die es sagt, eben so, wie es sie sagen kann; und eine gute Mutter belügt ihr Kind nicht und gibt es in Gesellschaft nicht preis, erzählt nicht zum Gaudium aller, was das Kind einmal Komisches getan hat.

»Ich komme von der Jugendwohlfahrt!« sagt eine junge Dame. Sie fragt, ob sie hier richtig ist bei mir und eintreten darf. Sie komme wegen Monika. »Ich bin in echter Sorge um das Kind.«
Es sei eine Meldung gemacht worden, die

Person wünsche jedoch anonym zu bleiben, aber gemeldet worden sei, daß ich mit dem Kind Monika nicht zurechtkäme.
»Oder lassen Sie mich nicht eintreten?« fragte die Fürsorgerin.
»Ja, schon. Aber Sie müssen mir sagen, wer mich angezeigt hat.«
»Es war keine Anzeige. Nur eine Meldung.«

Die psychologische Begutachtung durch den Sachverständigen stützt sich auf ausführliche explorative Gespräche mit der Kindesmutter und psychologischer Testung der mj. Monika. Die vom Bezirksgericht in der Beschlußfassung angesprochene anamnestische Erhebung am Kindesvater kommt nicht zustande, weil von diesem trotz vereinbarter und rechtzeitig zugegangener Ladung vorgebracht wird, er sei zeitlich nicht in der Lage, den Termin einzuhalten. Es wurde in der Folge nach einem Telefonat mit dem Kindesvater auf eine weitere Ladung deshalb verzichtet, weil sich der Sachverständige auf Grund der zahlreichen schriftlichen Eingaben des Kindesvaters in der Lage sieht, die für eine Be-

suchsrechtsausübung vorzusehende Persönlichkeitsbeurteilung vorzunehmen.
Wenn erklärend versucht wird, der Kindesmutter die Interpretation ihrer mit dem Kindesvater verbrachten Zeit aus einer anderen Sicht zu beleuchten, so ist sofort merkbar, daß es ihr nicht gelingt, eine andere Sichtweise der Problematik zu vermitteln. Sie gibt an, nicht gegen ihre eigenen Gefühlsansprüche arbeiten zu können, und man dürfe von ihr nicht verlangen, gleichsam schizophrene Dinge zu tun. Sie scheint im gesamten Gefühlsbereich tief angegriffen zu sein, und es gelingt ihr schwer, zwischen der ursprünglichen Fragestellung der Besuchsrechtseinräumung und den damit einhergehenden Bedingungen zu differenzieren. Sie ergeht sich in oft nicht klar spezifizierten Angriffen gegen den Kindesvater, und es besteht für den Sachverständigen der Eindruck, daß die Kindesmutter sich in ihren Entscheidungen häufig von starker Gefühlsdominanz leiten läßt.
Vom Kindesvater wird brieflich vorgebracht, daß die Kindesmutter schwer nervenleidend sei, ständig Medikamente nehmen müsse, und daß er den Eindruck eines bei ihr oft irrationalen Verhaltens habe. Er erwähnt,

daß er immer wieder versucht habe, ihr zu helfen und ihr Halt zu geben, und er befürchte, daß für den Fall, daß seine Tochter von ihm ferngehalten werde, ein Konflikt entstehen könnte, der vorprogrammiert sei.
Obwohl es zunächst nicht leicht scheint, und überhaupt bei der Testinterpretation von projektiven Tests bei Kindern dieser Altersstufe Vorsicht angezeigt ist, versucht sich die Kindesmutter selbst als »Deuterin«, bringt durch die spontane Hinwendung des Mädchens zu den männlichen Biegepüppchen zum Ausdruck, daß dies Beweis dafür sei, daß sie den Vater brauche. Sie sieht sich andererseits durch den Umstand, daß das Mädchen nicht spontan das weibliche Biegepüppchen ergreift, in ihrer Mutterrolle verletzt.
Für den Untersucher besteht der Eindruck, daß das Kind eine gute Kontaktbereitschaft aufweist, die Kindesmutter mit einer gewissen spürbaren Distanz zum Kind steht.
Es ist zu beobachten, daß die Interaktionen zwischen Kindesmutter und Kind vorhanden sind, aber in keiner so tiefgründigen Intensität, wie sie üblicherweise bei vielen anderen Fällen anzutreffen sind. Die Kindes-

mutter gewährt dem Kind einen größtmöglichen Bewegungsfreiraum, der für den Begutachter aber fast störend wird.
Da der Spiele-Test ein projektives psychologisches Testverfahren ist, also das Spielangebot der Erlebniswelt des Kindes entspricht, erfreut er sich üblicherweise bei Kindern großer Beliebtheit. Auch Monika beginnt sich spontan für das Angebot zu interessieren, scheint aber nicht in der Lage, allein im Spiel zu verharren. Sie bringt wiederholt die Aufforderung, man möge mit ihr spielen.
Die gesamte Spielphase ist durch ein bemerkenswertes Hin und Her gekennzeichnet. Sie ergreift häufig die im Kasten angebotenen Spielunterlagen, legt sie auf die Schachtelunterlage, legt sie letztlich wieder zurück.
Die für die Gesamtbeurteilung sicher wichtige Handhabung der Biegepüppchen ... kann bei der Kindesmutter keine Beruhigung bringen, so daß man fast dazu verleitet wäre, ihr durch gewaltsames Durchsetzen von Besuchskontakten erlebbar zu machen, daß ihrerseits eine Fehlmeinung über den Kindesvater vorliegt. ·
In konkreter Umsetzung der Zusammenhänge schlage ich daher vor, daß ein einmal

im Monat stattfindender Kontakt zwischen Kind und Vater zunächst im Wohnbereich des Kindes ermöglicht wird.
Wenn die Kindesmutter diese Lösung in späterer Folge persönlich schwer umsetzen kann, liegt es in ihrem Ermessen, eine am gleichen Wohnort aufhältige Person mit der Übergabe bzw. dem Abholen zu betrauen.
Aus entwicklungspsychologischer Sicht gibt es bis zum achten Lebensjahr keine Bedenken.

Sie hat gelernt, daß sie Monika heißt und daß jeder Mensch einen Namen hat, und wie heißt du, fragt sie, ich sage ihr, wie ich heiße, und wie heiße ich, fragt sie, und ich antworte: »Monika!«
Es ist unser neues Spiel, sie spielt es mit mir zu Hause, auf der Straße, im Park, und auch im Kaffeehaus hat sie es heute gespielt.
»Und wie heißt du?«
Ich sagte es ihr.
»Und wie heißt du?« fragte ich.
»Ich bin die Monika!« rief sie.
»Entschuldigen Sie, bitte, in was für einem Verwandtschaftsverhältnis stehen Sie denn

zu dem Kind?« fragte ein zeitunglesender Herr.
»Ich bin die Mutter.«
»Sind Sie nicht ein bißl streng mit ihr? Sie ist doch so lieb.«

Heimgehen, am Abend, von niemandem angeschaut, niemandem geprüft.
Birgit hat eine Einzimmerwohnung, mit Küche, und das Bett Sebastians steht weit entfernt von ihrem. Es hat Stäbe, ist ein kleiner Käfig, nur oben frei. Das Kind, verbannt in den Bereich, in den es gehört. Weit entfernt von den großen Menschen, weit, weit. So weit wie möglich, jedenfalls, bei Birgit, und es ist, als baute sie mit dem Kind vor. Das Bett des Kindes ist das erste, was ein Besucher sieht. Birgit ist Schwarzarbeiterin als Heimfriseuse. Sie empfängt Kundschaften, denen sie die Haare in allen Farben färbt. Früher einmal ist sie meine Lieblingskollegin gewesen, sie war immer so adrett, klein, unauffällig, mit kurzem Haar. Jetzt trägt sie eine Mähne, rötlich und Nuß, stark gekräuselt. Sie muß, wenn sie frisiert, jemanden haben, der währenddessen mit Sebastian spazierengeht. Ich biete mich

ihr an, in der Hoffnung, sie würde dann auf die Idee kommen, mich einmal zu fragen, ob ich für mich ein paar Stunden Zeit wünsche. Es ist alles Berechnung in mir. Und ich war doch früher nicht so.

Nächtliches Heimgehen von der Birgit, ich war wieder bei ihr und ihrem kleinen Sebastian, der wie ein kleiner Mann ist, streng, herrisch, fordernd. Sie füttert ihn, sie kocht für ihn, und er darf auf einem richtigen kleinen Kindersessel an einem Kindertisch sitzen. Monika auch.
Die beiden beobachteten einander und aßen miteinander, kamen einander in die Quere, und Birgit bemühte sich, zu Monika besonders freundlich zu sein. »Geh, Basti!«
Und der »Basti« und der »Basti« und der »Basti«.
Trotzdem war es schön. Besonders in der Erinnerung ist es für mich schön gewesen, als ich mich dann verabschiedete, als ich dann ging. Ich wollte gerne sagen: Ich habe gar kein Kind, liebe Birgit. Die Monika, die du siehst, die täuscht. In Wirklichkeit bin ich ganz so wie früher, nur, mit der Monika muß

ich mich so benehmen, als ob ich ein Kind hätte. Du wirst ja gemerkt haben, daß ich oft aus der Rolle fiel. Daß ich mich an deinen Tisch setzte und bewunderte, wie ordentlich bei dir alles ist. Und daß ich mit dir reden wollte, über vieles einfach nur reden,und lange sitzen und plaudern. Und daß meine Mutter einfach nach Amerika gefahren ist, weißt du ja auch. Aber die Monika und der Basti und der Basti und die Moni, die haben immer wieder bewirkt, daß ich mich fragte: Was tue ich hier eigentlich. Würde ich freiwillig eine Frau besuchen, mit der mich nichts verbindet, außer daß sie – wie ich – ein kleines Kind hat.

Du schminkst dich so bunt, und deine Augen blicken so traurig aus all dem Bunten hervor. Deine hellen Augen, die du manchmal zusammenkneifst, so wie wenn jemand zwei kleine Fernrohre scharf einstellt.

»Was hast du denn?« fragte ich, »du schaust mich so an?« – »Das mache ich, damit ich nicht müde werde«, sagtest du. Ja, liebe Birgit, ich habe keine Kinder! Ich bin mit deinem Basti und der Monika spazierengegangen, und das war angenehm, da waren sie zwei, und ich brauchte mich um sie nicht viel zu kümmern. Auch trug ich leichter, so wie man statt nur einer schweren Tasche zwei trägt. Denn da zieht irgendwie das Gewicht gleichmäßig an den Schultern. Und zwei neben mir, an jeder Hand halte ich ein Kind, die Leute müssen glauben, daß ich eine vernünftige Mutter bin, zwei Kinder hat doch jede, schon für den Fall, daß eines verlorengeht, oder daß es stirbt, und auch, damit ein Kind ein Geschwister hat. Aber manchmal ging dein Sebastian voraus, so als spürte er, daß ich nicht aus Liebe zu ihm mit ihm ging. Er lief voraus, und ich schaute, wo er hinlief. Und wie weit. Er blieb immer wieder stehen, du hattest ihm beigebracht, daß er nicht allein über eine Straße durfte. Ich war beruhigt. Dann führte ich die Kinder wieder an den Händen, wir betraten ein Café, dort bestellte ich Torten für die Kleinen, und ich las eine Zeitung. Die Nachrichten waren nicht besonders erbaulich, ich hörte bald wieder auf. Ich kam mir vor wie ein Babysitter. Gut, als der Nachmittag zu Ende war. Dann ging ich also mit meiner Monika von dir weg, nach Hause, und unterwegs war ich froh, wieder mit ihr allein zu sein. Monika hatte einen Freund erlebt, stundenlang, und ich hatte mich dafür geopfert. Mir war so schrecklich fad. Ich fragte mich, wie oft ich das noch würde tun müssen, für mein Kind etwas organisieren, etwas inszenieren, ihm einen Schauplatz geben in der Welt, Schauplätze suchen, Orte der Handlung, und ich sorge gewissermaßen für die Kulisse, und ich wähle die Darsteller aus, zum Beispiel den Sebastian und dich, und Monika betritt dann die Szene.

Für sie seid ihr wirklich, sie redet oft von euch, so wie der Sebastian traurig ins Telefon ruft, nachdem du ihm endlich erlaubt hast, den Hörer zu nehmen: »Momia!«

Aber ich komme mir vor wie die große Lenkerin, die Außenstehende, die das alles organisiert hat, und ich glaube, das Leben von Müttern ist ein unentwegtes Organisieren. Gewiß gibt es Mütter, die die Schulen verabscheuen, in die ihre Kinder gehen. Und sie verabscheuen die Lehrer und das, was gelehrt wird. Aber die Kinder müssen es zu etwas bringen. Und so organisieren sie, denken sich ihr Teil, widersprechen den eigenen Kindern, wenn diese sagen: Mutti, die Schule ist blöd!

Ich habe Birgit angeboten, in meiner Wohnung, die zwei große Zimmer hat, für Kinder Kinder zu versammeln, den Lukas von der Nachbarin, die zwei Kinder von der dicken Maria und den Sebastian.

»Sie können herkommen jeden Tag und bei mir spielen. Und du holst den Sebastian dann ab.«

»Nein, jetzt hab ich ihn schon in der Kindergruppe angemeldet. Er weint, wenn ich ihn hinbringe, aber für mich ist es die bessere Lösung.«

Mir ist leid um den Sebastian, wegen Monika. Ich frage sie, wo die »Kindergruppe« ist. Sie erklärt es mir, und ich treffe mich dort mit ihr. Die Kindergruppe ist ein trauriger Haufen. Ganz Kleine, die nicht wissen, warum sie dort auf ihren zwei Beinen gerade erst stehen. Und große Kinder, denen die Kleinen nur im Weg sind. Ein paar magere Geschöpfe, deren erstes Anliegen es ist, das Bürokratische zu erledigen. Wieviel man zahlt, dann und dann. Und was noch alles im voraus zu bezahlen ist. Um die Kinder kümmert sich niemand, in der Küche hängt ein großes Papier, auf dem steht, was eine Limonade kostet, was ein Schluck Kaffee.

Monika will nicht dort bleiben. Sie weint so dicke Tränen, daß ich sie sofort wieder mitnehme auf die Straße, und ich denke »gerettet«, dann sitze ich in einem Park, und sie ist froh, im Freien turnen zu dürfen. Aber ich will in keinem Park, in keiner Stadt, in keinem Lärm mehr sein, und in keiner Nähe mehr von Kindergruppen und von Frauen, die ihre Kinder in Kindergruppen stecken. Für mich ist jetzt entschieden, daß wir auf dem Land leben werden. Irgend so ein kleines Haus, mit nur einer Tür und zwei Fenstern, ein Haus, wie es der Teddybär im Baum hat, in unserm Bilderbuch, so ein kleines Haus müssen wir finden, mit einem Kamin darin, in dem ein Feuer brennt, ein Bett aus Holz, ein gemütlicher Tisch, und in der Nacht zählen wir die Sterne, der Mond scheint, so ein Haus in einem Baum wünsche ich mir, wie es in dem Buch »Kleiner Bär« beschrieben ist, und ich werde mir auch eine Schlafhaube mit Rüschen aufsetzen und eine Kerze halten, in einem Kerzenhalter, und der kleine Bär kommt herunter und sagt: »Ich kann nicht schlafen.«
Dann schaukeln wir, wie im Bilderbuch.

Johann, der wieder die Gelegenheit nützt. Hier ist eine Frau mit einem Kind, sozusagen, und sie wird doch ein wenig Mütterlichkeit auch für ihn übrighaben! Monika weint. Johann tut, als hörte und sähe er nichts. Er redet weiter. Weinende Kinder muß man schließlich, aus Höflichkeit, ignorieren. Und man darf der Mutter wegen des Weinens ihres Kindes keinen Vorwurf machen!

Monika bewegt sich rhythmisch und »taktvoll« zur »Kindermusik«, die Johann gebracht hat, auf einer Cassette.
Gestern, am Feiertag, waren wir im Stadtpark beim Hübner, »Meierei«. Mit Johann. Der mir, obwohl ich ihm dankbar sein müßte, sehr unsympathisch war.

Wir liegen auf einer großen Wiese. Männer spielen Ball, es sind ganz junge Männer, Söhne aus gutem Haus, Wiener. Die Sonne scheint über ihnen wie über uns, aber mir genügt das Grün dieser Wiese nicht, die mitten in der Stadt ist. Ich möchte, daß Monika einmal einen Baum sieht, der keine Attraktion ist, sondern einfach jeden Tag an dem Weg, auf dem wir gehen, steht. Ich möchte, daß in der Nacht für sie die Sterne scheinen, und zwar jeder einzelne, und nur, wie sie wissen wird, für sie. Ich wünsche mir einen Mond, der über uns leuchtet, einmal rund, dann schmal. Und ich möchte Vögel singen hören, wenn wir aufstehen, den Tau im Gras auf meinen nackten Füßen spüren und wissen: Den spürt auch sie.

Ich wünsche mir für Monika, daß sie das Blau des Himmels sieht. Und jedes wolkenverhangene Grau, und der Regen soll ihr übers ganze Gesicht laufen.

Ich muß also mein Kind einpacken und uns aus der Stadt hinauskutschieren. Hier ist kein Platz für uns, obwohl ein kitschiges Gefühl sich in mir regt, als das Orchester im Stadtpark einen Wiener Walzer spielt und Monika danach klatscht. Ja, ich muß diese Stadt verlassen, bevor sie sie liebt. Der Kitsch an meinem Gefühl ist nämlich, daß ich die Walzer liebe, meine Liebe aber von ihnen nicht erwidert wurde. Es gab nichts im Leben, was so schön gewesen wäre wie ein Walzer, so wie es keine Liebe gab, die ungefähr so aufregend und süß und nur süß gewesen wäre wie eine

Arie von Puccini, und ich möchte verhindern, daß meine Tochter auf Tricks der großen Städte und der Komponisten hereinfällt. Das Leben soll sie lernen, und nur ihres. Ich werde ihr, so gut ich kann, dabei behilflich sein, und wir beginnen bei echten Bäumen, echten Vögeln, brauchen dann am Abend nur das Bilderbuch zur Bestätigung dafür, daß es Tiere auch im Bilderbuch gibt. Und nicht umgekehrt. »Schau, die Kuh, die ist aus unserm Bilderbuch! Warum steht sie da in der Wiese.« Wir werden bei ganz einfachen Sachen beginnen, du wirst Steine finden, wirst das Gras wachsen sehen, einfache Leute werden über ganz einfache Dinge mit dir reden, du wirst wissen, was ein Dorf ist, ein Haus, ein kleines, und ein Bauernhof.
Das alles stelle ich mir vor, daß es so werden wird, wenn ich nun nicht mehr davon träume, wie es wäre, auf dem Land zu leben, sondern wir fahren einfach einmal hinaus aus der Stadt. Und die Bubis, die mit ihren neunzehn Jahren noch Ball spielen müssen auf einer Wiener Wiese, lassen wir. Ihnen ist etwas entgangen, sie müssen es nachholen, sie haben soviel Freiheit entbehrt. Schön sind sie angezogen, viel zu elegant für ein echtes

Spiel. Du wirst einen Ball auf einer richtigen Wiese haben, die natürlich wächst, und du sollst mit vielen Buben und Mädchen immer so viel im Freien sein, wie du willst.

Liebe Monika, unser Johann hat noch eine Schwester, Katharina, die von der Mutter damals nicht abgeschoben wurde, denn der Vater vom Johann soll ein arger Strizzi gewesen sein, und beim Anblick des kleinen Johann mußte sie immer an ihn denken, und weil der Mann, mit dem sie dann gelebt hat, so gut im Bett war (Johann hat im Internat gelernt: alle Frauen sind Huren), hat sie eingewilligt in ein zweites Kind, damit sie den Mann (Geld hat er auch gehabt) nicht verliert, und das hat sie dann geboren, ehelich, und diese Katharina ist angeblich normal und glücklich aufgewachsen, hat inzwischen selbst geheiratet und ist Mutter zweier ganz netter, wie Johann sagt (und traurig klingt das), Kinder, und dorthin sollen wir fahren. Johann möchte selbst nicht dorthin, weil er Magenschmerzen bekommt, wenn er seinen Schwager sieht, aber das Haus soll sehr hübsch sein und herrlich liegen, und Monika hätte dort Auslauf, »und später kann sie ja allein dort sein, ein paar Tage, und du und ich haben mehr Zeit füreinander. Ich meine das nur so, weil du ja selber auch einmal ein bisserl ausspannen möchtest, und meine Halbschwester ist immer daheim, sie kann sich an die Moni gewöhnen und die Moni sich an sie.«

Bin nicht sehr froh über die Art, wie Johann mir nahegelegt hat, mich ihm mehr zu widmen, aber ich will aus der Stadt hinaus, und so habe ich zugesagt.

Seit wir hier wohnen, bei Johanns Schwester, die uns zwei Zimmer vermietet hat, fragt Monika wegen jeder Kleinigkeit um Erlaubnis. »Darf ich ein bißchen schlafen? Darf ich auf dem Polster da schlafen?«

Es ist, Monika, dein Sommer. Du weißt noch nichts über Jahreszeiten, Regen, Schnee, Fruchtbarkeit. Schwere Arbeit, die die Bauern leisten. Zum Beispiel müssen sie das Heu für die Kühe rechtzeitig in die Scheunen tun. Du weißt noch nicht, wozu es den Regen gibt. In deinem kleinen, aber für dich schon großen Leben.

Ich möchte dir eine Wiese schenken und Tau am Morgen. Daß der Wind über dein Gesicht bläst. Und daß dich die Sonne berührt. Man sagt, sie ist weit weg, und man darf sich ihr nicht nähern. Aber die Sonne ist nicht von uns entfernt. Ihre Strahlen berühren uns, so wie meine Hand dich. Und wie groß ist die Entfernung zwischen dir und mir, oft. Atmen, Laufen, Essen, Trinken, Schlafen: Dein Leben ist voller Wunder. Du kannst die Sonne sehen, wie sie aufgeht, und dann versteckt sie sich hinter den Bäumen am Horizont, glühend und zärtlich, du schaust sie verwundert an.
Ich möchte dir Hühner schenken, Pferde und Kühe. Alles, was du im Bilderbuch so großartig gefunden hast. Immer wieder mußte ich dir die Namen der Tiere sagen, Abend für Abend, und manchmal schon am Morgen. Kaum warst du erwacht, erinnertest du dich. Du legtest mir das Bilderbuch aufs Gesicht, so daß ich aufwachte.

Monika ist in den vergangenen Wochen gewachsen, auch innerlich. Sie redet viel mit anderen Leuten. Ich fühle mich unglücklich auf dem Land, bin aber wegen Monika noch immer im Grünen. Das Dorf tut ihr gut, sie läuft jeden Tag auf die Wiese, gleich nach dem Aufwachen, spielt mit den Nachbarskindern, umarmt alle Mädchen, die größer sind als sie, kommt nur zu mir herein, wenn sie etwas braucht oder »Bei der Mama sein!« und lehnt sich an mich, steckt den Zeigefinger in den Mund, legt ihr Gesicht in meinen Schoß, dann trage ich sie ins Bett und lege mich zu ihr, bis sie schläft.

Johanns Schwester lebt blitzblank, blitzsauber und blitzfreundlich, manchmal wie eine gut geölte und klug gebaute Maschine. Sie ist täglich perfekt frisiert und so gertenschlank, als hätte sie nie Kinder geboren. Sie rät mir, Gymnastik zu machen, »du wirst es nicht bereuen, ich habe mich auch anstrengen müssen, damit ich wieder mein früheres Gewicht bekomme. Du darfst nicht alles essen, was dein Kind dir in den Mund steckt, das machen viele Frauen, daß sie Mistkübel spielen! Du mußt deinen Bauch wegturnen, verzeih, wenn ich dir das sage! Und zum Friseur tät ich an deiner Stelle einmal gehen! Laß dich von der Monika nicht immer so anfassen! Meine Söhne hätten das auch gern getan, mich den ganzen Tag mit Schokolade anpatzen! Aber da mußt du hart sein! Du bist immer voller Flecken! Ich weiß nicht, zieh dir eine Arbeitskleidung an, wenn du daheim sitzt! Die Monika greift auch an mir herum, weil sie von dir das so gewöhnt ist! Aber ich sage dir, daß du ihr viel zuviel erlaubst! Du bist richtig schmuddelig, ich genier mich fast.«

Monika kommt oft weinend herunter, wenn Katharina sie mit hinaufnimmt in ihre Wohnung. Dort ist vieles aus dünnem Glas, und ich verstehe nicht, wie sie und ihr Mann, als sie das Haus bauten, so viele Glastüren kaufen konnten. Sie wußten doch, daß sie Kinder wollten, und in meiner Angst, daß Monika einmal in eine solche Tür hineinläuft, gehe ich oft hinauf, nachschauen, aber dann macht Katharina einen Kaffee und beglückt mich mit dem Dorftratsch. Ich bekomme Beklemmungen, wenn ich mir vorstelle, daß sie über mich genauso redet wie über ihre Schwägerin und die anderen Frauen, die hier in der Siedlung wohnen.

Manchmal setze ich mich ins Auto und fahre mit Monika nach Wien. Ich möchte wieder in der Stadtwohnung sein, wenigstens für ein paar Stunden, halte es aber auch hier nicht aus, weil mich jedes Möbelstück an die dunkle Zeit erinnert.

In den Gassen *schleiche* ich nur noch, mit Monika an der Hand, die vieles wiedererkennt. »Da waren wir schon einmal!« ruft sie.

Wir gehen in den »Spielpark«, dort sitze ich, Monika spielt mit Ausländerkindern, wird von türkischen Mädchen zum Mitspielen aufgefordert, geht brav an meiner Hand, und ich denke an Hermann, an Regine, bin froh, daß Johanns Schwester über die Hintergründe meines Aufenthalts auf dem Land nichts weiß, ärgere mich, daß ich es ihr nicht ins Gesicht sagen kann, halte mich zurück, Monika zuliebe, merke dann, daß mein Leben überhaupt nur noch aus »Monika zuliebe« besteht, und dann werde ich der ganzen Welt gegenüber ungerecht. Ich hasse alle Menschen und schäme mich, weil ich doch so ein liebes Kind habe und glücklich sein müßte.

Was ich an Katharina nicht leiden kann, das ist ihre Aufmachung einerseits, und dazu ihr häßliches Reden. »Mein Schwiegervater, der erzählt oft vom Krieg, und was er da mitgemacht hat. Und wie sie die verwundeten

Kameraden in der Hitze unter einen Lastwagen gelegt haben. Sie haben ihnen etwas zum Trinken gegeben, wenn sie nicht mehr weiterkönnen haben aus eigener Kraft. Und wenn sie nicht verwundert waren, aber zu schwach, in der Hitze, dann haben sie sie liegengelassen, und wer das nicht ausgehalten hat, hat mein Schwiegervater gesagt, der hat eh weggehört.«
Etc.

Irgendwo in der Welt, ziemlich weit weg, man würde zu Fuß Jahre brauchen und sich hundertmal verirren, um dorthin zu gelangen, hat ein Diktator ein seinem Land benachbartes überfallen, seine Soldaten sind einmarschiert, haben Menschen getötet, Geschäfte aufgebrochen und geplündert, Häuser angezündet, Menschen gefangen und eingekerkert, Menschen verjagt, verfolgt, und viele aus diesem Land sind in benachbarte Länder geflüchtet oder, wenn sie genug Geld hatten, mit Flugzeugen auf andere Kontinente.

Menschen im überfallenen Land werden verhört und gefoltert, den Frauen droht man an, daß ihre Kinder bald nichts mehr zu essen haben werden, Seuchen brechen aus, Flüchtende, die sich in den Wüsten aufhalten und darauf warten, heim in ihre Länder reisen zu dürfen, leiden Durst, Hitze, Hunger und werden krank. Sie siechen dahin, und es scheint unmöglich, daß man das Treiben der fremden Soldaten und ihres Kommandierenden verbietet.

Ja, verbieten müßte man so etwas. Nur, wer befiehlt in der Welt wem, und wer herrscht über wen?

»A Kriag kommt! Weißt eh? Es kommt a Kriag!« ruft Katharina. Sie lehnt mit einer glühenden Zigarette in der Tür, blauäugig und blond wie immer, groß, schlank, eine anmutige Erscheinung, und sie fügt hinzu, sie wisse nicht genau, wo, weshalb, aber im Radio habe sie davon gehört, daß Amerika schon unterwegs sei dorthin, um zu kämpfen. Sie scheint überglücklich wegen dieser Abwechslung, die in ihren Alltag tritt. Jetzt braucht man nicht mehr zuzusehen, wie das Gras vor dem Haus langsam verdorrt, anstatt zu wachsen, eben weil der Sommer viel zu heiß ist und viel zu trocken, so wie viele Sommer in den letzten Jahren gar keine richtigen Sommer waren, nur langgedehnte Hitzewochen, ohne erfrischenden Regen, ohne klares Wasser, ohne reinen Wind.

Im Radio wurde soviel darüber gesprochen,

daß unsere Erde nicht mehr zu retten ist, daß wir bald ohne Wasser und ohne Früchte sein werden. Denn es ist beinah alles, was wir täglich brauchen, *vergiftet*.
Man hört *vergiftet* und *krank* und *stirbt* immer öfter, nicht im Zusammenhang mit einem Menschen oder einem Tier, sondern mit einem Baum. Der Baum ist krank, der Baum wird sterben. Viele Bäume tragen jetzt schon das Anzeichen des Leidens und Dahinsiechens an sich.
Katharina erzählt, wie schön früher das Gras war. Sie triumphiert, immer noch die Zigarette genießend, daß nun bald irgendwo in der Welt etwas geschehen wird, was zeigen wird, wie sinnlos das alles ist: Leben.
Sie hat anstrengende Jahre gehabt, seit ihrer Eheschließung, zuerst, weil sie von der Schwägerin immer wieder übertrumpft wurde. Die Schwägerin trägt jede Woche eine neue Haarfarbe! Und dann, als die Kinder geboren waren, diese schreckliche Zeit könne sie niemandem schildern, wenn sie hinter Glas gestanden sei, in dem Haus, das sie sich gebaut hatten, ihr Mann und sie, mit Geld, von der Bank geborgt, und sie habe hinausgeblickt durch die Fensterscheiben in

eine fern gewordene, weit weggerückte Welt.
Früher, da habe sie in einer Bank gearbeitet, am Schalter, und sie sei sehr beliebt gewesen. Es habe ihr Freude bereitet, bei der Kundschaft und den Kollegen etwas zu gelten. Die Arbeit habe sie befriedigt, sie sei glücklich gewesen. Aber dann habe ihr Mann sie in dieses Haus gesetzt, und die Kinder, so klein, und ihre Nerven. Sie habe oft geweint, am Tag. Immer seien ihr die Augen übergelaufen, sie sei voll Angst gewesen, sie habe gezittert, sie könne das niemals in ihrem Leben jemandem schildern, wie die Jahre für sie gewesen seien, bis endlich die Kinder größer wurden, und sie habe das auch heute noch, daß sie sich ängstlich fühle, wenn sie nachts aufwache. Der Kreislauf, das sei der Kreislauf, sage der Schwiegervater, der stundenlang wach liege und gern weinen würde, der sich nach dem Tod sehne, für den die Aussicht zu sterben eine glückbringende sei, und das, obwohl er an keiner Krankheit leide, im Gegenteil, er habe immer gegessen, was ihm schmecke, wonach sein Körper, wie er sage, verlange, und sie empfinde es, als

habe sie einen Vater, wenn er komme und beim Gemüseputzen helfe und mit ihr plaudere.
Ihr Mann sei anders als sie, er schlafe immer gut, immer ruhig, und es kümmere ihn auch nicht, wenn sie mit ihren Nerven – das verstehe er nicht, es gehe ihm gut, sie gönne es ihm, aber sie habe niemanden zum Reden, was ihre Zustände betreffe, und natürlich seien auch die Kinder ganz anders als sie, Gott sei Dank. Denen fehle es an nichts, die seien glücklich. Nur der Schwiegervater verstehe, was in ihr vorgeht, und jetzt, der Krieg, der da ausgebrochen ist in einem fernen Land, das sei ja gar nicht so weit weg von hier, man müsse nur auf der Karte schauen, das würde sicher herüberziehen zu uns, und dann sei sowieso *alles* aus.

Wir sind von Katharina ausgezogen. Vieles kam zusammen.
Der Teppich, der nie mit Sand bestreut hätte werden dürfen, »denn der Sand von draußen, den tritt man in den Teppich hinein, und wenn man nie saugt, ist der Teppich hin, den haben wir neu verlegen lassen, der hat sechs-

tausend Schilling gekostet, der war wie neu, wie du eingezogen bist. Um den Teppich wäre es mir schon leid, wenn er ganz kaputt wäre. Wir haben dir ja gesagt, die Monika darf nicht mit dem Dreirad ins Haus fahren. Innen ja, wenn du den Teppich zahlst, aber im Vorhaus, da ist ein Marmorboden, da ist sie auch schon gefahren, obwohl wir gesagt haben, sie darf nicht.« Oder weil »die Türkin, die hat ihren Mann verloren, die wäre an der Wohnung interessiert, ihre Kinder gehen mit unseren Kindern in die Schule.« Und außerdem das elfjährige Mädchen am Abend, wenn Monika und ich schon im Bett lagen: Plötzlich huscht ein Gesicht vom Fenster weg. Es hat hereingeschaut. Ich weiß nicht, wie lange, und auf einmal ist mir, als wäre ich immer nur beobachtet hier, und alles, was man sieht und zu wissen glaubt, wird erzählt und immer beredet, und ich möchte einmal woanders schlafen, in einem neuen Zimmer, in einem ganz andern Haus.

Der Bauernhof kommt mir wie ein Berg vor, auf dem die Arche Noah landen kann. Ein Unwetter überstehen, die Luft hier oben ist mild und rein, die Bäuerin hat ein gütiges Gesicht, freundliche Falten, hellblaue Augen, sie lobt Monika, weil sie so schön spricht. Ihre neuen Freunde sind Sonja und Martin. Sie fahren zu dritt mit allen Fahrzeugen, die es für die Kinder hier gibt, und immer in der frischen Luft, tagelang, wochenlang. Wir erholen uns. Die Bäuerin betet den Rosenkranz, der alte Bauer ist schon gestorben, der junge führt den Hof, die Frau des jungen Bauern beklagt sich, er sei nie da, immer gehe er Tennis spielen, die alte Bäuerin meint, sie solle nicht jammern, sie habe doch alles, es gehe ihr gut. Ihr habe, als sie jung war, niemand soviel geholfen. Alles hätte sie mit ihrem Mann allein machen müssen.

»Was will sie denn«, sagt sie zu mir, »sie hat doch hereingeheiratet, und alles war fix und fertig. Kein Tag vergeht, an dem ich nicht koche, ich nehme ihr doch eh alles ab, die Kinder, den Haushalt, und sie fährt mit dem Auto in die Stadt und kauft Kleider für die Kinder!«

Im Radio wird gemeldet, daß man in Israel auf einen Angriff des Irak wartet. Man wünscht sich, daß es kracht, sagt ein Israeli. Die Bedrohung dauere nun schon Jahre, irgendwann sehne man ein Ende herbei.

Monika lernt »Saddam Hussein« und »Präsident Bush« und »Irak«, so oft gehe ich zum Radio, denn ich hege das kitschige Gefühl, daß wir, wenn ein Krieg ausbricht, hier oben bleiben dürfen und nie mehr hinuntermüssen zu anderen Menschen, und alle, der Bauer, die alte Bäuerin, die junge Bäuerin, deren Kinder und Monika und ich sind dann eine große Familie.
Früh am Morgen, wenn ich noch nicht wieder eingeschlafen bin, beim Wachen in der Nacht, höre ich Geräusche von den Ställen herüber. Die jungen Bauern füttern Kühe und Schweine, ich höre Maschinengeräusch, Scheppern von Blech, und schlafe langsam wieder ein.

Wenn Hermann sie abholt, darf sie bei ihm und Regine im Auto vorne sitzen, auf Tante Regines Schoß.
»Weil es mein Papa erlaubt. Mein Papa ist stärker als du und stärker als die Polizei!«
»Mein Papa hat gesagt, eine Mutter darf nicht rauchen!«

Eine große Rutsche steht in dem Park, wo Monika am liebsten herumläuft. Große Kinder klettern hinauf, steigen in die Maschen des starken Netzes, das dort statt einer Leiter gespannt ist, und Monika klettert auch. Sie hält sich mit den Händchen und hebt einen Fuß, dann den zweiten. Die Großen lassen sie. Manchmal klettert ein Großer rasch an ihr vorbei, aber Monika läßt sich nicht einschüchtern. Dann steht sie oben. Sie schaut. Sie überlegt. Sie setzt sich, legt ihre Hände an den Seiten an und rutscht hinunter, hält sich wieder, rutscht ein Stück weiter, bis sie unten ankommt, zufrieden, und sie läuft sofort wieder zu dem großen Netz, um wieder hinaufzusteigen. Ich habe dabei Herzklopfen, aber Monika wird eine Siegerin, und jeden Tag will sie in den Park, jeden Tag läuft sie, und mutig rutscht sie, mit Anhalten.

Johann nörgelt, daß ich zuwenig würze, »Diät« esse, und: »Fleisch braucht der Mensch! Fett braucht man! Ich kann nicht Babymahlzeiten hinunterschlingen!«

Er raucht vierzig Zigaretten am Sonntag, döst auf dem Sofa, Monika trägt ihm Spielsachen hin, er legt ihr den Finger auf den Mund, er schiebt die Spielsachen weg, will in Ruhe Kreuzworträtsel lösen, dann fernsehen, schaltet mit der Fernbedienung, wie Hermann, zieht die Schuhe aus, obwohl ich ihn darum nie bitte, wäscht aber seine Socken nicht, fragt: »Was machst du?«, wenn ich ihm die Socken ausziehe und sie ins Bad trage. Dann kommt er mir nach, wäscht sie, fragt, ob er mir auch andere Wäsche waschen darf, er sei der geborene Hausmann, er könne bügeln, kochen, alles, er müsse nur wissen, ob sein Platz hier bei uns sei oder nicht. Er halte dieses Hin und Her von seiner Wohnung in meine nicht mehr aus.

»Entweder oder, Madame.«

»Wenn du hier bist, um zu nörgeln und zu faulenzen, während ich meine Arbeit für die Schule mache, dann bleib bei dir daheim.«

Er sagte, während er sich anzog: »Es war einmal eine Lehrerin, die meinte, sie könne zwei Kinder zugleich erziehen. Ein kleines und ein großes, aber das große war ein schwieriger Fall, mutterlos aufgewachsen, ein echtes Heimkind.«

Dann ging er. »Ciao! Mach's gut und sag

dem Hermann, ich hab das Feld geräumt und verstehe ihn jetzt endlich besser.«

Monika ist über drei Jahre alt und hat sich von einem Häufchen Hilflosigkeit und Bedürftigkeit zu einem strammen Mädchen entwickelt. Sie sieht Hermann ähnlich.
Oft sagt sie, daß sie nun zu den Nachbarn gehen wird. Dann wieder verlangt sie ihren Kakao. Sie trinkt noch immer aus der Flasche und sagt: »Ich will!«
Oft will ich ihr »Ich will!« nicht mehr hören. Aber dann erinnere ich mich: Genau das habe ich ihr lassen wollen, ihren Willen.
Sie wurde von der Nachbarin gelobt. »Dieses Kind weiß immer, was es will! Das ist wunderbar! Meine Kinder raunzen von früh bis spät, wissen nicht, was sie tun sollen, wissen nicht, was sie wollen. Aber sie, sie weiß es immer! Und sie weint nicht, wenn sie sich einmal für etwas entschieden hat.«

»Wenn es hell ist, dann muß eine Mutter aufstehen«, philosophiert Monika am Morgen.
»Haben Schweine Füße?« fragt sie.
»Henderl, die ins Gasthaus laufen, gibt es nur im Märchen«, erklärt sie, wenn wir »Rübezahl« auf Video-Cassetten anschauen.
»Wenn eine Mutter einem Kind einen Puppenwagen kauft«, sinniert sie, »dann muß sie nachher den Puppen etwas hinstellen und noch etwas kaufen.«

»Wo hast du denn die Monika?« fragen Leute auf der Straße, wenn ich ohne sie gehe, weil die Nachbarn sich bereiterklärt haben, sie für ein paar Stunden gegen Bezahlung zu sich zu nehmen. Diese Lüge, daß Depressionen »vergehen«. Als wäre eine Depression ein Luxus, den eine Frau sich leistet, weil sie kein Kind, also zuwenig Arbeit hat. Zur Depression kommt hinzu, wenn man ein Kind hat, daß man fürchtet, der dunkle Kreis wird das Kind berühren und übergreifen. Dazu kommt dann auch die Angst, etwas vererbt zu haben, das Kind traurig zu machen mit der eigenen Traurigkeit.

Ich habe mir deshalb angewöhnt, immer, wenn die Depression anfängt, zu Monika zu sagen: »Heute lache ich nicht, weißt du, ich bin heute ein bißchen krank.«
»Aber ich nicht!« ruft sie und läuft aus dem Zimmer.

Wer die eigene Luft braucht, wer in ihr nur denken kann, verschafft sie sich durch das entsetzliche Mittel der Trennungen. So tust du es nun dem Kinde im zartesten Alter an: um bei deinen Gedanken zu sein, gewöhnst du es an Trennungen.

E. C., D. Geheimherz d. Uhr

Die gefürchteten Sätze: »Schauen wir Bilderbuch an!«, »Spiel mit mir!«, »Bau mir was!«
Weil ich beim Bauen immer an anderes denken muß, und ich kann es dann nicht notieren und durch Notieren loswerden, weil ich beim Spielen mit ihr immer an anderes denken muß und das gleiche, weil ich beim Bilderbuchanschauen immer an das denken muß, was im Bilderbuch so schön und oft nicht wahr ist, und weil mich beim Vorlesen stört, wie schlecht manche Geschichten geschrieben oder übersetzt sind und für wie dumm man die Kinder hält, mit wie wenig man sie abspeist.
Um Monika den ungebührlichen Respekt vor Büchern und vor allem, was gedruckt ist, auszutreiben oder erst gar nicht aufkommen zu lassen, schreibe ich mit orangefarbener

Tinte in die Bücher bessere Wörter hinein statt der schlechten. Streiche ganze Sätze durch und schreibe andere darüber, und Monika malt in die Bücher hinein, schneidet mit der Schere in ihnen herum.

»Sie ist eine Egoistin«, warnt die Firmpatin.

Bücher. Bücher sind meine Lebensretter gewesen, Bücher meine Medizin, Bücher mein Gift, mich zu vergiften, ohne daß ich es merkte, Bücher waren meine Gefährten in der Nacht, Hilfen am Tag, Bücher sind mir Freude, Lachen und Trost gewesen, Wegweiser, meine Bücher, meine Lehrer, meine Bücher, meine wahre Familie, mein wahrer Vater, meine wahre Mutter. Meine Geschwister: das alles waren Bücher für mich. Aber auch meine Feinde, wenn ich ein Buch las, ohne zu merken, wie es mir schadete, wie es mich krank machte, oft über Jahre hinaus, kleine Dinge, kleine Bemerkungen, Beschreibungen, die ich besser nie gelesen hätte, nicht mit zwölf, nicht mit dreizehn.

Es war niemand da, der mir das Buch, den Verbrecher, aus der Hand gerissen hätte. Mir ruhig und liebevoll erklärt, daß das nicht Zensur, nicht Bevormundung, nicht Einschränkung der Lesefreiheit oder gar der Gedankenfreiheit ist, wenn er mir dieses Buch nicht gibt, sondern daß ein Buch einfach ein Blödsinn sein kann und nicht wahr, wenn ein Mensch es zu früh in die Hand nimmt. Manche Bücher eilen der Zeit voraus, nämlich der Lebenszeit, die gesund und natürlich verlaufen soll, ungestört, was eigene Erfahrungen und Beobachtungen betrifft. Manche Bücher zerstören das Lebensgefühl, daß man selbst wichtig ist und atmen und essen und trinken darf, für immer. An solchen Büchern habe ich aber nie meine Wut ausgelassen. Sondern ich war wütend auf die, die in meiner Nähe lebten, Menschen, mit Kenntnis von dem, was ein Buch bedeuten kann, die nicht rieten und nicht halfen, nie wissen wollten, was ich las.

Meine lieben Verwandten.

Es kümmerte sie nicht, sie hatten ihre Ruhe, wenn ich, mit einem Buch in der Hand, Ruhe gab.

Freilich, da wurde ich dann still. Manchmal tagelang. Dann sogar wochenlang und monatelang. Und dann schwieg ich, jahrelang, und sie wollten nicht wissen, ob es wegen der Bücher war. Mit Büchern hatte ich Welten in mich hineingeschlungen, die ich nie mehr *aus mir herausbrachte. Und die Dinge, die ich dort erfuhr, waren so schrecklich, daß ich sie niemals jemandem erzählte. Und keinem Arzt und keinem Psychiater, keinem Freund und keinem Geliebten vertraute ich an, was ich wußte.*

»Du kreist um dich selbst«, sagte damals Birgit zu mir. »Es hilft nichts, wenn man immer nur den eigenen Nabel beschaut.«

Ich hockte neben ihr, schaute auf den Teppich, auf den Fußboden, fragte mich, was das ist, ein Kokosläufer, der so wenig Wärme ausströmt. Es ist nicht mein Nabel, hätte ich gern gesagt. Es sind die Bücher. Ich weiß Dinge, von denen du nichts weißt, sei froh. Es sind die Dinge, die mich verrückt machen. Ich weiß nämlich beinah alles, worunter Menschen heute leiden. Ich habe es gelesen, ich kann nichts davon ändern, ich weiß nicht mehr, wozu ich das alles erfahren mußte – aus Büchern.

Als ich schwanger wurde und schwanger bleiben wollte, entfernte ich sämtliche Gesammelten Werke. Ich entfernte sie nicht nur, ich trug sie zum Buchhändler und gab der Kiste mit dem Fuß einen Stoß. »Da haben Sie!« sagte ich. »Alle.«

Der Buchhändler schaute mich an. Na ja, eine Schwangere. »Gnä Frau, ich heb Ihnen alles bei mir im Keller auf.«
Ja, er wußte, was ich damals meinte: sein Flirten mit mir, sein blindes Überreichen der Bücher. »O je, was habe ich Ihnen denn da gegeben! Jetzt habe ich ein schlechtes Gewissen! Ich weiß, das Buch hätte ich Ihnen, wie Sie es verlangt haben, nicht geben sollen. Ich mache mir Vorwürfe.«
Er sah mich, wie ich, halb wahnsinnig und unersättlich, immer mehr brauchte. Immer noch ein Buch und noch eins. Nicht, um sie zu sammeln, ich war nicht bibliophil, wirklich liebte ich nur ein paar Schätze aus der Kindheit, kleine Bücher, große Erlebnisse, schöne Welten. Spaß. Humor. Aber ich brauchte von einer bestimmten Geistesart dann mehr. Und dann die Gegendosis. Denn ich hatte mich wieder einmal vergiftet.
Ein Buch lesen, das kann auch bedeuten: das Geschwätz eines Irren anhören. Man sitzt und lauscht und schaut. Der Kerl da, der da redet, der oft bestechend formuliert, der ist doch ein Mensch. Und man sagt ihm nicht: Schweig! Man klappt, wenn man bei Sinnen ist, das Buch zu. Oder aber man merkt nicht,

wie man schon angesteckt ist von der Krankheit, unter der sein Denken leidet, und man hört und hört, liest und liest.
Nachher hast du Mühe, jahrelang, dich gegen einen Satz zu wehren. Es ist nur einer, er läßt dich nicht los, du weißt nicht, warum. Der Satz hat dein Leben verändert, hat aus dir eine andere gemacht, und nicht zum Guten, sondern schwerer lebst du seither.
Die Bücher stehen da, purzeln durcheinander, wie Kinder, die tun dürfen, was sie wollen. Sie sind bunt, sie sind alt, sie sind neu, sie sind ganz wenige. Immer noch viele, denn früher habe ich das gesamte Volk bei mir versammelt gehalten. Alle geliebten und gehaßten Freunde, Feinde, Kinder, die Bücher mir waren. Alles durfte hier existieren, nichts warf ich in den Kübel, denn einmal hatte ich ein Buch weggeworfen, und es ging mir nicht aus dem Kopf. Bücher sind heilig, wurde mir als Kind irgendwann beigebracht. Ein Buch ist mehr wert als ich, in ein Buch darf ich nichts hineinkritzeln und hineinschreiben, das Buch will mich nicht.
Ein Buch ist so kostbar, daß die Tante einen Schrei ausstößt, wenn sie sieht, daß ich es in der Hand halte. »Um Gottes willen! Das ge-

hört dem Onkel! Gib sofort her!« Und sie schaut, ob es schmutzig geworden ist. Ein Buch muß immer sauber sein. Ein Buch ist, was der Onkel am Abend gerne liest, ein Buch ist, wo man nicht stören darf, ein Buch ist der Onkel, der Onkel ist ein Buch, sie sind ein und dasselbe, unzertrennlich, und ein Buch bewirkt, daß der Onkel eine Brille trägt, ein Buch bereitet Stille im Schlafzimmer, und Ruhe, so als wäre er gar nicht da, so sitzt er, halb liegend, im Bett. Ein Buch ist, wo manchmal eine Seite leise umgeblättert wird. Bücher müssen etwas Herrliches sein, wenn der Onkel so lange stillhält. Ein Buch, das ist wahrscheinlich mehr als alles, was wir ihm je sein können. Oder ich. Ein Buch ist das wirkliche, das wahre Leben, und ein Buch ist die Welt.

Im Buch des Lebens. Wer schreibt es. Wer korrigiert es.

Ins Buch des Lebens wirst du eingetragen, wenn du immer brav bist und nie einen Mord begehst. Oder etwas anderes, was schwer wiegt. Der liebe Gott hat ein Buch, da steht alles drin. Es kommt ein Nikolaus, der hält ein großes Buch in der Hand, vorne ein goldenes Kreuz drauf, aus Goldpapier, und in dem Buch stehen überraschenderweise die Dinge, von denen du bisher geglaubt hast, daß nur deine Eltern und du sie wissen. Der Nikolaus, auf einer weißen Wolke einhergeschwebt (und unterwegs hat er noch den Krampus zu sich genommen, sein Seil in die Hölle gesenkt, damit die Bestie sich heraufhanteln konnte), dieser heilige Nikolaus, der von Gott direkt ist, hat das Buch des Lebens leihweise von Gott mitbekommen.

Ich bringe meinem Kind früh bei, daß ein Buch Papier ist. Und daß man es zerreißen darf, anspucken, treten, schieben, daß man es als Unterlage benützt, wenn man will, als Fettfleckensammler, als Schreibmaterial. Es müssen ja nicht unbedingt die Bücher sein, die ich sehr liebe und denen ich vieles verdanke.

Ich habe ihr Bücher gegeben, in die schrieb sie hinein, weil sie fand, daß auch sie schreiben müßte. So wie ich an diesem Tagebuch, das ja das ihre ist. Und sie hat hineingeschrieben und -gemalt, und manche Zeichnungen hat sie durchgekritzelt, andere hat sie erweitert und verbessert und ergänzt. Ohne je den Faden zu verlieren. Denn eines Tages hat sie aus den Büchern alle Bilder, die ihr gefielen,

schön herausgeschnitten und sie mir hingelegt.
»Schau. Das hab ich für dich gemacht.«

Bitte beachten Sie
folgende Seiten

Ein faszinierender Roman

Luise und Johanna begegnen sich in einer Lebenskrise. Die eine ist gefangen in ihren Beziehungsschwierigkeiten, die andere kämpft mit ihrer Drogensucht. Beide suchen nach einem Ausweg.
Brigitte Schwaiger, deren Erstlingserfolg »Wie kommt das Salz ins Meer« unvergessen ist, greift hier mutig ein hochaktuelles Problem auf. Darüber hinaus gelangen ihr, eingebettet in eine packende Handlung und in herausragender literarischer Bewältigung, die einfühlsamen Psychogramme zweier junger Frauen unserer Zeit.

Langen Müller

»Kein Buch für Männer, kein Buch für Kinder, ein Buch nur für Erwachsene ...«

Der Liebes- und Erlebnisroman einer jungen Frau, die plötzlich Karriere macht und dadurch die Motivation erfährt, nach dem eigenen Ich zu suchen. Gleichzeitig eine Satire auf unser Gesellschafts- und Kulturmilieu voll Klugheit, überzeugenden Einsichten und Humor.

Langen Müller

EREI